그 사람을 그대는 가졌는가

그 사람을 그대는 가졌는가
―삶을 바꾼 스승과 제자의 만남

초판 1쇄 발행 2021년 11월 15일

지은이	전호근
펴낸이	문채원
펴낸곳	도서출판 사우
출판등록	2014-000017호
전화	02-2642-6420
팩스	0504-156-6085
전자우편	sawoopub@gmail.com

ISBN 979-11-87332-73-2 (03910)

• 저작권자와 연락이 닿지 않아 허락을 받지 못하고 사용한 사진이 있습니다. 확인이 되는 대로 적법한 절차를 따르겠습니다.

삶을 바꾼
스승과 제자의 만남

그 사람을 그대는 가졌는가

전호근
지음

사우

　　말하자면 그리움이라 해야 할 것이다. 대학에서 학생들을 가르친 지 올해로 꼭 30년이 지났고 그동안 헤아릴 수 없을 정도로 많은 학생들을 만났지만 기억에 남는 학생은 손가락으로 꼽을 정도다. 하긴 나를 기억하는 학생도 거의 없을 것이다. 반면 내가 대학을 포함한 학교에서 배운 기간은 그에 훨씬 못 미치지만 내가 배웠던 스승들에 대한 기억은 아직도 또렷하다. 기억에 남는 학생의 수보다 스승에 대한 기억이 더 많고 30년을 가르쳤어도 아직도 가르치는 일에 자신이 없는 걸 보면 아무래도 나는 잘 배우는 사람 축에 들 수 있을지 몰라도 잘 가르치는 사람이 되기는 그른 성싶다.

은사이신 상허 안병주 선생의 가르침은 아직 귓전에 쟁쟁하다. 선생은 맹자 민본사상의 권위자로 학계에 널리 알려져 있지만 나에게는 사반공배(事半功倍)의 가르침을 주신 분으로 기억된다. 사반공배란 '일은 옛사람의 절반만 해도 공은 두 배가 된다'는 뜻으로 맹자가 자신의 시대에 왕도가 펼쳐지기를 기대하며 한 말이다. 대학 2학년 시절, 돌아보는 사람이 별로 없는 동양고전 공부를 그만둘 기로에 섰을 때, 선생은 맹자의 이 구절을 인용하면서 '공부는 옛사람의 절반만 해도 공은 두 배가 넘을 것'이라며 격려해주셨다. 내가 지금까지 공부를 그만두지 않을 수 있었던 것은 오롯이 선생의 말씀에 기댄 힘이다.

그런데 기억에 남는 스승들 중에는 법 밖에 노닐었던 이들이 많았다. 어느 선생은 술 한 병이 있어야 비로소 강의를 시작했고, 강의 도중 담배를 피우는 선생도 있었다. 다음 학기가 되도록 이전 학기 성적을 처리하지 않아 직원들을 애먹였던 선생도 있었고 소문이지만 총장 따귀를 올려붙이고 학교를 떠난 선생도 있었다. 다분히 결기 어린 그런 일을 잘했다거나 모범이라고 이야기하려는 것은 아니다. 다만 그런 선생들이 있었다는 이야기를 하고 싶은 것뿐이다. 학교로서는 그런 선생들이 골칫덩이였겠지만 어쩐 일인지 그들이 떠나고 나니 기댈 언덕이 없어지고 재미도 없어지고 이야깃거리가 사라져 세상이 시시해졌다.

요즘은 착한 선생들만 눈에 띈다. 매사에 법을 잘 지키고 자신의 이익에 충실한 이들은 권력과 자본이 다루기 쉽다. 그래서인지 세상과 맞서 싸우는 이들을 찾기 어렵다. 때가 되면 강의를 열고 학생들 앞에 서지만 한 학기가 끝날 때까지 나는 학생들을 모르고 학생들도 나를 모른다. 얼굴을 마주하지 못하고 비대면으로 강의를 진행하기 때문만은 아니다. 코로나19 바이러스를 핑계 댈 수도 없는 것이 비단 어제오늘의 일이 아니기 때문이다. 이래저래 대학은 스승 없는 곳이 된 지 오래다. 스승이 사라지니 제자 또한 사라졌고 지식 판매자와 지식 소비자가 그 자리를 메웠다. 스승과 제자가 없는 대학은 여전히 성업 중이다.

원고를 앞에 두고 넋두리가 길어진 까닭은 스승의 자리를 욕되게 한 사람으로서 글에 쓴 스승과 제자의 찬란한 자취 앞에 부끄러운 마음이 먼저 들어서다. 이 책에 실린 글들은 모두 《녹색평론》에 〈스승과 제자〉라는 제목으로 기고했던 연재물이다. 책으로 엮기 위해 글을 모아놓고 하나하나 살펴보니 감회가 새롭다.

차별 없는 가르침을 베풀었으면서도 가장 가난한 제자를 가장 사랑했던 공자, 몇 번의 만남이었을 뿐인데도 삶이 다할 때까지 편지를 주고받으며 서로를 향한 그리움을 달랬던 이황과 기대승, 형장의 이슬로 사라지면서도 뒤에 남은 제자 최시형을 생각하며 희망을 내려놓지 않았던 최제우, 운명처럼 만나 하루하루를 영원처럼 살다 간 유영모와 함석헌….

스승과 제자의 관계는 본디 우정(友情)을 나누는 관계다. 고래로 우정에 관한 수많은 금언이 있지만 그중 스승과 제자 간의 우정이야말로 으뜸이 아닐까. 그 둘 사이에는 상하도 없고 시기도 질투도 없고 경쟁도 없다. 그러니 이보다 따뜻하고 정겹고 긍정적인 관계는 어디에도 없을 것이다. 이제 지나간 스승과 제자들의 아름다운 자취를 기록하여 앞으로 올 스승과 제자를 기다리고, 더불어 나의 스승에 대한 그리움을 달래고자 한다.

2021년 가을 미출재(未出齋)에서
전호근

공자와 그 제자들 ─────

가르침이 있을 뿐,
신분을 차별하지 않는다

신분의 구애 없이 배움의 길을 열다

공자의 언행록인 《논어》는 평범한 말로 시작한다. "배우고 때로 익히면 또한 기쁘지 않은가(學而時習之 不亦說乎)!" 너무 평범해서 오히려 비범해 보일 정도다. 그런데 배움이 기쁜 이유가 뭘까? 공자가 살았던 시대에 가장 중요한 교육기관은 대학(大學)이었다. 당시 이 대학이란 곳에 들어가 공부할 수 있었던 사람은 귀족으로 제한되었다. 배우는 과목을 봐도 그렇다. 이른바 '예악사어서수(禮樂射御書數)'를 육예(六藝)라 하는데 이 모든 과목은 귀족의 전유물이었다. 당연히 평민들은 배울 수 없었다. 그런데 공자가 나타나면서 상황이 바뀌었다. 공자는 육예에 관한 한 당시 최고의 전문가였는데, 그 보따리를 모든 사람에게 풀어버린 것이다. 배울 수 없었던 사람들이 배움의 기회를 얻게 되었으니 그 기쁨을 짐작할 만하다.

그래서 공자에게는 맹무백이나 남궁괄 같은 노나라 최고 권력자의 자제들뿐 아니라 평민, 농부의 자식, 천민 출신까지도 모두 와서 배울 수 있었다. 공자가 위대한 교육자인 이유는 바로 여기에 있다. 공자의 교육철학을 《논어》의 구절로 이야기하자면, 이른바 '유교무류(有敎無類)'다. 곧 가르침이 있을 뿐이고 부류를 가림이 없었다는 말인데, 여기서 부류는 신분을 뜻한다. 공자의 교육을 차별 없는 교육이라고 이야기하는 까닭은 그가 귀족이든 평민이든 가리지 않고 가르쳤기 때문이다.

3천 명의 제자와 공문십철

공자는 제자의 수가 무려 3천 명에 달했고 그중 육예에 통달한 제자 77명의 성과 이름, 간단한 행적이 사마천의 《사기》에 기록되어 있다. 성질 급한 중유(자로), 현명한 단목사(자공), 안빈낙도를 실천했지만 일찍 세상을 떠난 안회(안연), 천민 출신이었으나 한 나라를 다스릴 만한 덕을 지녔다고 인정받았던 염옹(중궁)···. 이들은 각기 개성이 다르고 신분도 제각각이었지만 모두 공자라는 큰 나무 아래서 함께 배웠다. 공자는 늘그막에 열 명의 뛰어난 제자를 꼽은 적이 있다.

1

"덕행에는 안연, 민자건, 염백우, 중궁이 있었고 언어에는 재아, 자공이 있었고, 정사에는 염유, 계로가 있었고, 문학에는 자유, 자하가 있었다."

여기서 거론한 네 개의 과목, 덕행·언어·정사·문학 중에서 공자가 가장 중시했던 과목은 덕행이었다. 그러니 열 명의 제자 중에서도 공자가 가장 높이 평가했던 제자는 안연, 민자건, 염백우, 중궁이라 하겠다. 그런데 이들은 모두 중대한 결함을 지니고 있었다는 공통점이 있다. 민자건은 절름발이었고, 염백우는 문둥병 환자였으며, 중궁은 천민 출신이었고, 안연은 쌀독이 자주 빌 정도로 가난했다.

˙가진 것 없이 나누었던 안회

공자가 가장 사랑했던 제자는 안회로 자가 자연(子淵)이다. 공자는 그를 두고 "안회는 도(道)에 가까이 다가갔다"고 평가했다. 그는 끼니를 잇기 어려울 정도로 가난했다. 안회가 얼마나 가난했는지는 《장자》에 나오는 다음의 이야기에서도 알 수 있다.

"어느 날 안회가 가르침을 청했다. 공자가 안회에게 먼저 재계(齋戒)하라고 권고하자 그는 이렇게 대답한다. '저는 집안이 가난하여 술을 전혀 마시지 않고 훈채를 먹지 못한 지 몇 달이 되었으니 이 정도면 재계했다고 할 만하지 않습니까?'"

보통 재계라고 하면 술을 마시지 않고 향신료를 넣은 음식을 피하는 것이 기본인데, 이 일화는 안회가 재계하기 위해 따로 음식을 가릴 필요가 없을 정도로 가난했음을 알려준다. 그런 안회는 공자와 함께 있을 때 질문하는 일이 없었다. 그래서 공자는 안회가 자신을 도와주는 사람이 아니라고 하며 짐짓 아쉬워하기도 했고, 마치 어리석은 사람 같다고 말한 적도 있다. 하지만 공자는 그를 두고 "다른 제자들은 하루에 한 번이나 한 달에 한 번 정도 인(仁)에 도달하는데, 안회는 석 달 동안 인을 어기지 않는다"고 했다. 인간에 대한 사랑을 뜻하는 인은 두말할 것도 없이 공자가 추구했던 최고의 가치다.

한번은 안회가 인이 무엇인지 묻자 공자는 '극기복례'가 인이라고 대답했다. 극기는 사리사욕을 이기는 것이고, 복례는 예(禮)로 돌아간다는 뜻이다. 여기서 예(禮)라는 한자는 '보일 시(示)'와 '풍성할 풍(豊)'자가 합쳐진 글자로 두 글자 모두 제사를 끝내고 음식을 나누는 뜻을 담고 있다. 그래서 예는 자신이 가진 것을 다른 사람과 함께 나눈다는 뜻이기도 하다. 하지만 나눌 것이 없을 만큼 가난했던 제자가 안회였다. 공자는 그런 안회에게 무엇을 나누라고 이야기한 것일까? 《사기》에는 공자가 안회를 제자로 받아들인 뒤 문인들이 더욱 친(親)해졌다고 이야기한 대목이 나온다. 친(親)은 친애(親愛)로, 인의 다른 이름이다. 나눌 것이 없었던 안회가 나눈 것은 인간에 대한 사랑[仁]이었던 것이다.

˙절름발이 효자 민손

공자가 덕이 훌륭한 사람으로 안회와 나란히 지목한 민손은 자가 자건(子騫)이었는데 절름발이였다. 민손의 자(字)인 '건(騫)'은 '건(蹇)'과 통하는 글자로 '절름발이'라는 뜻이다. 또 이름인 '손(損)'은 신체적인 결손을 뜻한다. 이름도 자도 모두 절름발이, 불구자라는 뜻인 셈이다. 병법으로 유명한 손빈(孫臏)이 앉은뱅이라는 뜻인 '빈(臏)'자로 이름 지은 것처럼 민손은 자신의 신체적 결손을 그대로 이름과 자로 삼은 것이다.

민손은 일찍이 노나라의 권력자 계씨가 제멋대로 그를 고을의 원으로 임명하자 단호하게 벼슬을 거절한 것으로 유명하다. 계씨는 무엇을 보고 민손에게 자신의 고을을 맡기려 했던 것일까? 무릇 크고 작고를 떠나 한 고을을 다스리는 자에게 공통으로 요구되는 것은 말할 것도 없이 '덕'이다. 민손의 훌륭한 덕은 공문에서뿐만 아니라 사람들에게 널리 알려졌던 모양이다.

공자가 그를 두고 "효자로구나! 민손은. 사람들이 그 부모와 형제들의 칭찬에 아무도 이의를 제기하지 않는다"라고 칭찬했을 만큼 민손은 남다른 효행으로 유명했던 제자다. 그에 관해서는 '의로어거(衣蘆御車: 갈대 옷을 입고 수레를 몲)'라는 가슴 아프고도 아름다운 이야기가 전해온다.

일찍 친모를 여읜 그에게는 계모가 있었고 계모 소생의 두 이복동생이 있었다. 계모는 교묘한 방법으로 전처소생인 민손을 학대했는데, 겨울이 되자 자신의 아이들에게는 솜으로 누빈 옷을 지어 입히고 민손에게는 갈대꽃을 옷 속에 넣어 누빈 후 입혔다고 한다. 하루는 아버지가 민손에게 수레를 몰게 했는데 추위로 손이 곱아 수레를 제대로 몰지 못했다. 이상하게 여긴 아버지가 민손의 옷을 확인해보니 솜이 있어야 할 곳에 갈대꽃이 있었다. 아버지가 당장 계모를 쫓아내겠다고 이야기하자 민손은 아버지에게 이렇게 말했다.

"어머니가 계시면 한 명의 자식이 추위에 떨면 그만이지만 어머니가 떠나면 세 자식이 모두 외로워집니다."

그 이야기를 들은 계모가 마음을 고쳐먹고 이후로는 민손을 자기 소생의 자식들과 똑같이 대했다고 한다.

병으로 일찍 죽은 염경

《논어》에는 단 한 번 공자가 자신의 제자를 삶의 저편으로 떠나보내며 영결하는 장면이 나온다. 그 주인공은 염경(冉耕)인데 자가 백우(伯牛)다.

"염경이 병에 걸리자 선생께서 문병하시면서 창문으로 그 손을 잡으시고선 이렇게 말씀하셨다. '이런 일이 있을 리가 없는데. 운명인가 보구나. 이런 사람이 이런 병에 걸리다니! 이런 사람이 이런 병에 걸리다니!'"

'이런 사람'과 '이런 병'이란 표현에서 안타까움이 절절히 묻어난다. 이런 사람은 '이렇게 덕이 훌륭한 사람'이란 뜻이고, 이런 병이란 '이런 몹쓸 병'이란 뜻이다. 염경이 걸린 병은 문둥병이었다. 당시 문둥병은 무서운 전염병으로 알려져 있었기 때문에 공자는 감염을 피하기 위해 방 안으로 직접 들어가지 못하고 창문 너머로 손을 잡았던 것이다.

공자는 일찍이 그를 두고 이렇게 논평했다.

"가난해도 겉으로 드러내지 않고, 부귀해도 교만하지 않으며, 다른 사람의 잘못을 기억하지 않았던 사람이 염경이다. 시작이 나쁜 사람은 없지만 끝이 좋은 사람은 드물다. 필부에게 노여워하지 않는 까닭은 오직 자신을 망칠까 염려하기 때문이다."

염경의 이름인 경(耕)은 '밭을 간다'는 뜻이고, 자인 백우(伯牛)의 우(牛)는 '소'다. '맏아들'이라는 뜻인 백(伯)자를 빼고 이름과 자를 이어서 풀이하면 염경은 소가 밭[農地]을 가는 것처럼 마음의 터전 [心地]을 갈아서 덕의 씨를 뿌리는 사람이란 뜻이다. 뿌린 씨를 거두지 못하고 삶을 접고 말았으니 슬픈 일이 아닐 수 없다. 공자가 "싹을 틔우고서도 자라지 못하는 경우도 있고, 자라고 나서도 열매를 맺지 못하는 경우도 있구나!"라고 말한 것은 아마도 염경을 위한 탄식이었나 보다.

천민 출신 염옹

안회를 예외로 치면 공자가 제자들 중에서 가장 높이 평가한 인물은 염옹으로 자가 중궁(仲弓)이다. 《논어》〈옹야(雍也)〉편은 바로 그의 이름인 '옹(雍)'으로 시작하기 때문에 옹야라는 이름이 붙여졌다. 바로 그 〈옹야〉편 첫 번째 문장에서 공자는 염옹을 이렇게 평가했다.

"염옹은 남면(南面)할 만하다."

남면이란 남쪽을 바라보고 나라를 다스린다는 뜻으로 천자나 제후에게나 쓸 수 있는 말이다. 더욱이 남면의 뜻을 더 자세하게 풀어

보면 물리적인 힘이 아닌 덕의 감화력으로 나라를 다스린다는 뜻이다. 곧 덕치를 이상으로 하는 공자의 정치적 이념 중에서도 최고의 경지에 이른 무위(無爲)의 정치를 표현하는 말이다.

《논어》에는 〈옹야〉편과 〈위령공〉편에서 공자가 순임금을 두고 "무위로 천하를 다스린 사람은 순일 것이다. 대체 무엇을 하셨던가? 자신을 공손히 하고 남쪽만 바라보았을 뿐이다"라고 한 대목을 합쳐서 남면이란 말이 겨우 두 차례 나올 뿐이다. 순임금의 경우야 본래 고대의 성왕으로 이름이 높으니 그를 무위의 성군으로 칭송한 것은 이상할 것이 없다 하더라도, 염옹은 일개 필부인데 공자는 어찌하여 무위의 정치를 베풀 만한 자질을 갖추고 있다고 과찬했을까?

공자의 문하에는 귀족에서 평민에 이르기까지 다양한 계층의 제자들이 함께 있었다. 그중에서도 염옹은 가장 신분이 낮은 천민에 속하는 인물이다. 《사기》에는 염옹의 아버지가 천인(賤人)이었다고 기록되어 있고, 《공자가어》에는 그의 아버지가 불초한 사람이었다고 나온다. 공자가 염옹을 두고 남면할 만하다고 넘치게 칭찬한 까닭은 여기에 있다. 신분이 가장 낮은 사람이었기 때문에 공자는 오히려 염옹의 덕을 더욱 높이 평가한 것이다.

"얼룩소의 새끼라 할지라도 털이 붉고 뿔의 크기가 적당하다면 사람들은 비록 제사에 쓰려고 하지 않겠지만 산천(山川)의 신들이 그를 버리겠느냐."

'얼룩소가 어때서?'라고 생각할지 모르지만 얼룩소는 잡색우(雜色牛)라서 제사에 쓰지 않았다. 공자가 살았던 고대 중국의 주나라에서는 붉은색을 숭상했기 때문에 순적색(純赤色) 털을 가진 소만이 제사의 희생물로 선택될 수 있었다. 그런데 당시 사람들은 비록 순적색이라 하더라도 어미소가 얼룩소면 쓰지 않으려 했던 것이다. 공자는 산천의 신들은 그것을 버리지 않는다고 표현함으로써 염옹의 비천한 혈통이 그의 뛰어난 덕행을 가릴 수 없음을 분명히 한 것이다. 공자 문하에서는 출신이 덕행을 가리지 못했던 것이다.

부끄러움을 알았던 제자 원헌

《논어》〈헌문〉편은 제자 원헌(原憲)이 공자에게 묻는 말로 시작되기 때문에 '헌문(憲問: 원헌이 물었다는 뜻)'이라는 말이 붙었다. 그는 평생 부끄러움이 무엇인지 고민했던 제자로 자가 자사(子思)다. 한번은 스승에게 이렇게 여쭈었다.

"무엇이 부끄러운 일입니까?"

"나라에 도가 있을 때 하는 일 없이 녹만 축내거나, 나라가 무도할 때 녹을 받아먹는 것이 부끄러운 일이지."

무도한 나라에서 녹을 받아먹는 일이 부끄러운 짓이라는 것쯤이야 누가 모르겠는가. 하지만 나라에 도가 있다 하더라도 녹만 받아먹고 하는 일이 없다면 그 또한 부끄러운 일이라고 일러준 것이다. 그래서인가, 그는 스승이 벼슬할 때 준 녹봉을 사양한 적이 있다.

"원헌이 고을의 원이 되었는데 선생께서 900말의 곡식을 녹봉으로 주었다. 원헌이 사양하자 선생께서 '사양하지 마라. 많으면 그것을 너의 이웃에 나누어주라' 하셨다."

'많으면 나누어주라'는 간단한 처방은 공자가 이 소심한 제자를 위해 일러준 최선의 가르침이었으리라. 그는 정당한 녹봉을 사양할 만큼 청렴하면서도 소심한 성격이었기 때문이다. 스스로도 자신의 그런 성격을 잘 알고 있었던 듯하다. 〈헌문〉편에는 그가 이렇게 묻는 대목이 있다.

"이기려 하고, 자랑하려 하고, 남을 탓하고, 욕심부리는 일, 이 네 가지를 하지 않으면 인(仁)하다고 이를 만합니까?"

"어려운 일이라 할 만하지만 인(仁)한지는 내 모르겠다."

자신의 욕망을 다스리는 것만으로는 인(仁)이라 할 수 없다는 것을 일러주는 대목이지만 또한 원헌이 네 가지 욕망을 다스리는 수준에 도달했음을 엿볼 수 있는 대목이다. 공자는 원헌이 그 정도에 머물지 않고 더 나아가 인에 도달하기를 바랐던 모양이다. 하지만 원헌은 공자가 세상을 떠나자 벼슬을 던지고 초야에 묻힌다. 한때 고을을 다스렸던 이가 스승이 죽은 후 은거한 것을 보면 그에게 공자가 없는 세상은 더 이상 살 만한 세상이 아니었나 보다. 《사기》〈중니제자열전〉에는 그 사실을 이렇게 쓰고 있다.

공자가 세상을 떠난 뒤 원헌은 마침내 도망하여 늪지대가 있는 곳에 은거했다. 어느 땐가 출세한 동문 자공이 위나라의 재상이 되어 화려한 수레를 타고 원헌의 집을 찾았다. 자공이 키보다 높은 잡초를 헤치며 아무도 찾는 이 없는 문으로 들어가 원헌을 만났는데, 원헌은 해진 의관을 갖추고 자공을 맞이했다. 자공이 그 모습을 보고 부끄럽게 여겨 이렇게 말했다. "선생께서는 아마도 병에 걸리신 모양입니다." 원헌은 이렇게 대답했다. "나는 듣자 하니 재물이 없는 것을 가난이라 일컫고 도리를 배우고서도 실행하지 못하는 것을 병들었다 한다고 했습니다. 지금 나는 가난한 것이지 병든 것이 아닙니다."

자공은 아무 말 못하고 떠났다. 이후 자공은 이날의 말실수를 죽을 때까지 부끄러워했다고 한다.

차별 없는 세상을 위한 가르침

이 세상은 불평등하다. 예나 지금이나 완전한 평등을 구현하는 것은 굉장히 어려운 일이다. 불평등을 개선할 수 있는 가장 좋은 방법은 바로 교육이다. 공자의 교육철학에 따르면 많은 사람이 동등하게 높은 수준의 교육을 받을 수 있을 때 정의로운 세상이 된다. 공자가 '학(學)'을 특별히 강조한 이유는 여기에 있다.

공자가 말한 '학'은 여타의 사상에서 강조하는 도(道)나 각(覺)과는 사뭇 다르다. 도나 각은 아무나 터득하거나 깨우칠 수 있는 것이 아니기 때문이다. 예를 들어 도를 강조한 《장자》에는 '도가전이불가수(道可傳而不可受)'라는 말이 나온다. 도는 전해줄 수는 있지만 받을 수는 없다는 말이다. 도를 아는 스승이 제자에게 도를 전해줄 수 있지만 제자가 반드시 받을 수 있는 것은 아니라는 뜻이다. 곧 아무나 터득할 수 없는 것이 도다. 하면 된다? 안 된다. 어떤 사람은 되고 어떤 사람은 안 되는 것, 그게 도의 세계다.

각의 세계도 마찬가지다. 육조 혜능이 저잣거리를 지나다가 어떤 사람이 암송하는 금강경을 듣고 단박에 깨우친다. 그런데 막상 그 금강경을 외우고 있었던 사람은 평생을 가도 깨닫지 못했다. 어떤 사람은 단박에 깨우치고 어떤 사람은 평생 노력해도 안 되는 것, 그런 게 각이다.

그런데 학은 이런 것들과는 다르다. 반드시 된다. '청출어람(青出於藍)'이라는 말이 있다. 이 말은 공자의 계승자 순자가 학(學)의 중요성을 강조하기 위해 '청출어람이청어람(青出於藍而青於藍)'이라고 한 말을 줄인 것이다. 푸른색은 쪽에서 나왔지만 쪽보다 더 푸르다는 뜻이다. 쪽은 본디 초록색이나 거기서 뽑아낸 푸른색은 초록색보다 더 푸르다. 제자가 스승보다 낫다는 비유다. 스승이 제대로 가르치고 제자가 제대로 배웠다면 반드시 제자가 스승보다 나은 경지에 오르는 것, 그것이 학의 세계요 스승과 제자의 관계다. 그러니 학은 누구나 들어갈 수 있는 세계다. 《논어》의 첫 문장이 바로 이 '학(學)'으로 시작하는 이유는 누구나 배우면 된다는 것, 배움으로써 훌륭한 삶을 살 수 있다는 말을 세상에 전하기 위해서다.

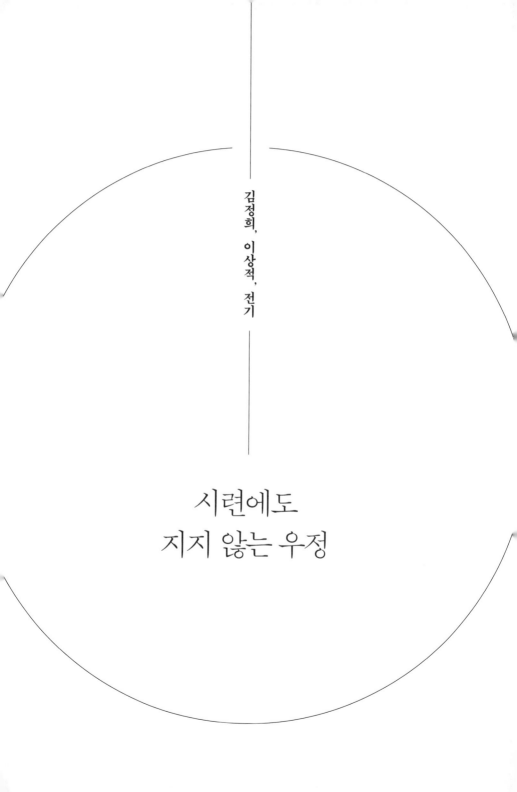

김정희, 이상적, 전기

시련에도
지지 않는 우정

해탈한 자의 글씨

서울 강남구 삼성동에는 신라시대에 창건된 봉은사가 자리하고 있다. 이곳에는 《화엄경(華嚴經)》을 비롯한 불경 목판 3천 여장을 보관하고 있는 건물이 있는데, 이를 알리는 현판이 '판전(版殿)'이다. 1856년에 제작된 이 현판의 글씨는, 얼핏 보면 그어진 획마다 삐뚠 데다 글자의 모양이나 크기 또한 제각각이라 마치 글씨를 처음 배우는 어린아이가 서툴게 쓴 것처럼 보인다. 그런데 이 글씨는 필법이라면 누구도 견줄 수 없는 추사 김정희(金正喜, 1786~1856)의 글씨다. 그것도 왼쪽 낙관부에 '일흔하나 된 노인이 병중에 썼다(七十一果病中作)'라고 쓰인 글에서 짐작할 수 있듯이 그가 죽기 사흘 전에 쓴 마지막 작품이다. 그러니 이 글씨는, 이제는 무거운 세상의 짐을 내려놓고 붓의 무게마저 내려놓은 노인의 마음이 담긴, '해탈하고 나서야 비로소 가능한 글씨'다.

김정희는 글과 그림, 그리고 고금을 관통하는 학문으로 세상을 깜짝 놀라게 한, 문자 그대로 학예일치의 경지에 도달한 인물이다. 그런데 그의 작품은 그저 눈으로만 봐서는 품은 뜻을 제대로 볼 수 없다. 삶을 통한 체험의 무게와 더불어 시공간을 뛰어넘는 이야기를 곁들이지 않고서는 그의 글도 그림도 제 모습을 드러내지 않기 때문이다. 이런 점에서 김정희의 예술은 눈에 보이는 단편이 아니라 그림에 담긴 정신을 꿰뚫어보라고 요구한다. 우리가 감각기관인 눈에만 의지할 때 그 정신은 모습을 드러내지 않는다. 사물을 보는 또 하나의 눈이 필요한 까닭이다. 김정희는 그런 눈 가운데 하나로 문자를 제시한다. 선현의 글에 담긴 정신을 읽음으로써 우리가 새로운 눈을 뜨도록 인도하는 것이다. 그것이 바로 김정희가 그림을 그리는 화인들에게 늘 요구했던 '문자와 책의 향기'였다. 그로 인해 우리는 지금껏 전혀 다른 매체라고 생각했던 그림과 글을 함께 만난다. 그

판전(板殿)

1856년, 서울 봉은사

림은 글이 되고 글은 그림이 된다. 그래서 그의 작품은 보아서는 보이지 않고 잘 읽어야 비로소 보이는 것이다.

˙시련 속에서 탄생한 걸작

1844년 바람이 많이 불던 어느 날. 김정희가 제주도에 유배 온 지도 어언 다섯 해가 흘렀다. 한때 생사를 같이하던 벗들도 이젠 소식조차 알 길이 없다. 그런데 또다시 육지에서 보내온 거질의 책이 바다를 건너 그에게 전해졌다. 제자 이상적(李尙迪)이 만 리 바깥, 북경에서 여러 해를 두고 구해서 보내준 귀중한 책이다. 모든 사

세한도
1844년, 종이에 수묵화,
가로 69.2cm 세로 23cm, 국보 제180호,
개인 소장

람이 권세와 이익을 따르는데 이상적만은 옛정을 잊지 않고 정성을 다해준 것이다. 김정희는 그를 칭찬하는 뜻에서 갈라진 붓으로 그림을 그리고 발문을 썼다. 조선 문인화의 최고 걸작으로 손꼽히는 〈세한도(歲寒圖)〉는 이렇게 탄생했다.

'판전' 글씨가 서툴러 보이는 만큼이나 〈세한도〉 또한 제대로 그려진 사물을 찾기 어렵다. 네 그루의 나무와 집 한 채만 그려져 있으니 여백이 훨씬 더 많아 보이는 것은 당연하다. 게다가 먹물도 충분히 머금지 않은 붓으로 그린 듯 여기저기 갈라진 붓 자국이 화인의 힘겨운 삶을 말해주는 것처럼 보인다. 또 무슨 나무인지 형태를 분명하게 알아보기 힘든 왼쪽의 두 그루 나무, 그리고 세부 묘사가 전혀 없는 한가운데의 집을 보면 기우뚱하기도 하고 대칭이 맞지 않아 허

술하기도 하여 도대체가 사물을 제대로 관찰하고 그린 것 같지 않다. 마치 앞으로 더 가필해서 완성해야 할 그림이거나 아예 그리다가 흥취가 사라져 붓을 던져버린 것 같다.

그 때문에 그림을 처음 들여다보면 그림보다 오히려 오른쪽 위에 단정하게 쓰인 '歲寒圖(세한도)'라는 세 글자가 먼저 눈에 들어온다. 그림의 제목이다. 이런 식의 제목은 감상을 도와주기보다는 도리어 방해가 되기도 한다. 뜻이 분명한 글은 때로 보는 이의 예술적 상상력을 제한하기 때문이다. 하지만 김정희는 늘 '문자향(文字香)'과 '서권기(書卷氣)'를 강조하고 사의(寫意)를 중시했다. 이런 태도 때문일까, 김정희의 글씨체는 그림 같다. 그럴 만큼 김정희는 글씨를 그림처럼 쓰고 그림에서 글을 읽는 것을 좋아했다. 특히 〈세한도〉의 경우는 더 그렇다. '세한도'라는 제목에는 "이 그림은 반드시 이렇게 '읽어야' 한다"라는 김정희의 의지가 들어 있기 때문이다.

김정희의 〈세한도〉라는 작품을 탄생시킨 제자 이상적은 자가 혜길(惠吉), 호는 우선(藕船)이다. 그의 가문은 9대에 걸쳐 30여 명의 역과(譯科) 합격자를 배출한 우봉이씨(牛峯李氏) 집안으로 그 자신도 청나라에 열두 차례 갔다 온 역관이다. 사대부가 아닌 중인 신분이었지만 그는 일찍이 김정희의 문하에서 금석학과 서화를 익혀 청나라 문인 지식인들과 교유한 당대의 명사였을 뿐 아니라 홍세태, 이언진, 정지윤과 함께 이른바 '역관사가(譯官四家)'로 불릴 만큼 뛰어난 시인이었다. 일찍이 헌종이 그의 시를 애송했기 때문에 그는 자신의 문집 이름을 '임금의 애송을 은혜롭게 여긴다'는 뜻에서 《은송당집(恩誦堂集)》이라 짓기도 했다.

이상적이 처음 김정희를 만난 것이 언제인지는 자세하지 않지만 1831년(김정희 46세, 이상적 29세)에 청나라로 가는 이상적 편에 유희해(劉喜海)에게 보내는 탁본을 부탁한 기록이 있는 것으로 보아 그 전에 사제지간의 인연을 맺은 것으로 짐작된다. 이후 김정희가 탄핵을 당해 제주도로 유배 가게 되자 이상적은 여러 차례 청나라에서 구한 서적과 금석문을 보내 스승을 위로했고 그로 인해 〈세한도〉가 그려진 것이다.

그림으로 그린 시(詩)

이상적과 함께 김정희가 각별히 사랑했던 제자는 고람(古藍) 전기(田琦)다. 아마도 '문자의 향기'를 가장 잘 담아냈기 때문이리라. 그런 그가 남긴 걸작 중 하나가 〈계산포무도(溪山苞茂圖)〉다.

전기 또한 중인 출신으로 김정희 문하에 들어가 서화를 배웠다. 전기는 당대의 이름난 화인이었던 조희룡·유재소·유숙 등과 매우 가깝게 지냈는데 서른 살에 단명하고 말았다. 일찍이 선배 화인이었던 류최진(柳最鎭)은 "30년 전기의 재능이 500년 화단의 역사를 감당할 만하다"라고 감탄했다. 이런 면모 때문에 그는 때로 스승 김정희를 능가한다고 평가받기도 했다. 〈계산포무도〉는 그가 남긴 몇 안 되는 작품 중 하나로 김정희의 〈세한도〉 못지않게 여백이 많다. 전기는 스물네 살 때인 1849년 여름에 이 그림을 그렸는데, 이해는 전기가 유배에서 풀려난 김정희로부터 직접 지도를 받은 시기이기도 하다.

김정희는 1848년 12월에 유배에서 풀려났는데 이듬해인 1849년 6월부터 7월까지 전기와 허련을 비롯한 젊은 제자 14명과 일곱 차례에 걸쳐 자리를 함께했다. 전기의 거처 이초당(二艸堂)에서 열린 이

계산포무도

1849년, 종이에 수묵화, 가로 42cm 세로 25cm, 국립중앙박물관

모임에서 제자들은 저마다 글씨를 쓰고 그림을 그려 김정희에게 보여주고 평을 받았다. 이때 전기가 스승 앞에서 그렸던 그림이 〈추산심처도(秋山深處圖)〉다. 전기의 그림을 살펴본 김정희는 "쓸쓸하고 간략하고 담박하여 자못 원나라 사람의 풍치를 갖추었다"라고 평했다. 〈계산포무도〉 또한 이 시기에 그려진 그림인데, 그림을 살펴보면 기교나 장식이 전혀 없고 경물의 묘사 또한 대담하게 생략되어 얼핏 보면 어린아이가 그린 듯 거칠기 짝이 없다. 더욱이 그림 왼쪽 상단에 쓰여 있는 글씨는 끝으로 갈수록 갈라진 흔적이 역력하다. 또 갈대 이파리나 지붕의 능선을 봐도 전기가 이 그림을 갈라진 붓 한 자루로 단번에 그려냈음을 짐작할 수 있다.

전기와 망년우(忘年友)였던 조희룡은 일찍이 "전기가 그린 산수화는 쓸쓸하면서도 조용하고 간결하면서 담백하여 원대(元代)의 회화를 배우지 않고도 원인(元人)의 신묘한 경지에 도달했다"라고 평한 적이 있다. 그림 왼쪽에 쓰인 "〈계산포무도〉를 이 집에서 벽 하나를 사이에 두고 그렸다. 기유년(1849) 7월 2일에 홀로 쓸쓸히 앉아서(溪山苞茂圖 作於隔壁是室 己酉七月二日 獨坐)"라고 한 화제를 읽어보면 조희룡의 평이 적절하다 하겠다. 하지만 전기의 이 그림은 잘 살펴보면 쓸쓸하지만 정겨운 느낌이 가득하다.

그림에는 물가를 굽어보고 산이 우러러보이는 곳에 집 두 채가 있다. 저곳에 집을 지은 이는 누구이며 전기는 왜 이런 그림을 남겼을까? 그 기원을 찾자면 수천 년의 시간을 거슬러 올라가야 한다. 3천 년 전의 시들을 모아놓은《시경》에는〈사간(斯干)〉이라는 시가 전한다.

가지런한 물가에 아득히 보이는 남산

秩秩斯干 幽幽南山

대나무는 떨기로 자라고 소나무가 무성한 곳

如竹苞矣 如松茂矣

형과 아우가 서로 사랑하니 누구도 꾀를 부리지 않네

兄及弟矣 式相好矣 無相猶矣

질질사간(秩秩斯干)의 '간(干)'은 시내라는 뜻으로 전기의 그림 제목의 첫 번째 글자 '계(溪)'와 같은 뜻이다. 그리고 다음에 나오는 유유남산(幽幽南山)의 '산(山)', 여죽포의(如竹苞矣)의 '포(苞)', 여송무의(如松茂矣)의 '무(茂)'를 합치면 '계산포무(溪山苞茂)'가 된다. 《시경》의 시〈사간〉, 곧 형과 아우가 이웃하며 정겹게 사는 풍경을 그림으로 그린 것이다. 결국〈계산포무도〉는 '그림으로 그린 시(詩)'다. 조희룡 또한 "전기는 그림으로 시의 경지에 들어갔다"라고 말한 적이 있다.

전기는 바로 조선 문인화 최고의 걸작으로 손꼽히는〈세한도〉탄생의 주인공인 김정희와 이상적 두 사람의 공동 제자라 할 수 있다. 전기는 이상적의 문인으로 있다가 그의 소개로 김정희를 만났다.

그러니 그로부터 김정희의 〈세한도〉와 닮은꼴 그림이 나온 것은 자연스러운 결과일 것이다.

김정희가 〈세한도〉를 그려 스승과 제자 간의 사랑을 이야기했다면, 전기의 〈계산포무도〉는 형제간의 사랑을 그린 작품이다. 전기는 어릴 적부터 병약했고 가난하게 살았지만 그가 남긴 그림에는 정다운 이야기가 가득하다. 〈계산포무도〉는 겉보기에는 산수화일 뿐이고 풍경도 쓸쓸해 보이지만 실은 형제간의 정을 그린 전기의 따뜻한 마음이 담긴 그림이다. 스승은 사제지간의 사랑을 그렸고, 제자는 형제간의 우정을 그린 것이다.

˙삶으로 그린 잣나무

전기의 〈계산포무도〉는 〈세한도〉와 닮은꼴 그림이다. 그렇다면 〈세한도〉는 어디에 연원하고 있을까? 누구보다 학문의 연원을 중시했던 김정희였기에 그 사승 관계를 찾아보는 일은 김정희를 이해하는 데 대단히 중요하다. 김정희는 열다섯 살 때부터 박제가에게 배웠고, 박제가의 스승은 조선 최고의 문장가 박지원이다. 박지원의 글에는 김정희의 〈세한도〉와 닮은꼴 그림에 관한 이야기가 전한다. 그 이야기가 바로 〈불이당기(不移堂記)〉다.

어느 날 박지원은 벗 사함의 집을 찾았다. 사함은 본디 대나무를 좋아했기에 자신의 호를 죽원옹(竹園翁), 곧 '대나무집 늙은이'라 짓고는 박지원에게 글을 지어달라고 부탁했기 때문이다. 그런데 박지원이 가보니 그의 집에는 대나무가 한 그루도 없었다. 잠시 생각에 잠겼던 박지원은 자신의 스승이었던 이양천의 이야기를 꺼낸다.

이양천은 일찍이 화가였던 이인상과 막역한 사이였다. 제갈공명을 흠모했던 이양천은 이인상에게 공명의 사당에 있는 잣나무를 그려달라고 부탁했다. 얼마 뒤 이인상이 족자를 보내왔는데 펼쳐보니 잣나무 그림은 없고 양나라 사혜련이 지은 〈설부(雪賦)〉, 그러니까 눈에 관한 시만 있었다. 이양천이 까닭을 묻자 이인상은 눈 속에 잣나무가 들어 있으니 잘 찾아보라고 대꾸한다. 그림을 달라고 했는데 글씨를 보내오고, 잣나무를 그려달라고 했는데 눈 속에서 찾아보라는 대답이 돌아온 것이다.

얼마 있다가 이양천은 임금의 잘못을 바로잡으려 간했다가 흑산도에 위리안치되는 어려움을 겪는다. 유배지로 가는 길에 눈이 내리더니 금부도사가 오면 사약이 내릴지도 모른다는 전갈이 왔다. 따라갔던 사람들이 모두 슬퍼하며 울고 있는데 이양천은 문득 멀리 눈 속에서 어릿한 나무를 발견하고 이렇게 말했다. "아, 이인상이 말하던 눈 속의 잣나무가 바로 저기 있구나!" 그는 목숨이 왔다 갔다 하는 순간에 이인상이 말한 눈 속의 잣나무를 찾고 있었던 것이다.

섬에 갇힌 뒤 큰바람이 바다를 뒤흔들던 어느 날 밤, 사람들은 모두 혼비백산하여 토하고 어지러워하는데 이양천은 태연히 "남쪽 바다의 산호야 꺾인들 어쩌겠는가마는 오늘 밤 임금의 처소가 추울까 걱정이라네(南海珊瑚折奈何 秪恐今宵玉樓寒)"라고 노래했다. 얼마 뒤 이인상에게서 편지가 왔다.

"근래에 그대가 지은 산호곡(珊瑚曲)을 얻어 보았더니 잘 지내고 있는 줄 알겠소. 이제 보니 그대야말로 그림을 잘 그리는 사람이라 할 만하오."

이양천이 세상을 떠난 뒤 박지원은 그의 삶을 돌아보며 이렇게 말한다.

"이양천은 참으로 눈 속의 잣나무다. 선비는 곤궁해진 뒤에 평소의 뜻을 살필 수 있는 법이니 어려운 가운데에서도 뜻을 바꾸지 아니하고 홀로 우뚝 서 있었으니 어찌 날씨가 추워진 뒤에도 변하지 않는 잣나무가 아니겠는가."

이런 이야기를 사함에게 들려주고 박지원은 이렇게 이야기를 마무리 짓는다.

"나의 벗 '죽원옹' 사함은 대나무를 사랑한다. 사함이 참으로 대나무를 아는 사람이라면 날씨가 추워진 뒤에 우리는 눈 덮인 그대의 뜰에서 대나무를 볼 수 있을 것이다."

세한의 계절을 이겨낸 숭고한 정신

〈세한도〉의 소나무와 잣나무처럼 〈불이당기〉의 잣나무와 대나무는 모두 선비의 변함없는 뜻을 상징한다. 이양천은 붓을 쥐고 그림을 그릴 줄은 몰랐지만 당대의 화가 이인상이 보기에 그야말로 자신의 삶으로 잣나무를 제대로 그린 사람이었다. 박지원 또한 자신의 벗 사함이 어려운 시절이 닥치더라도 변함없이 지조를 지켜 삶의 대나무를 그릴 것이라는 믿음으로 눈 속의 잣나무를 이야기한 것이다.

파도가 세상을 덮는 날 자신을 죽이려고 유배 보낸 임금의 처소가 추울까 염려한 이양천의 정신은 제주도로 유배 가면서 임금의 은혜를 곱씹은 김정희의 정신과 닮은꼴이다. 이인상은 손수 그린 〈설송도〉를 세상에 남겼다. 하지만 그의 벗 이양천은 삶을 가지고 잣나무를 그렸다. 그러니 그들의 삶이야말로 〈세한도〉의 선구로 꼽아야 할 것이다.

〈세한도〉에 담긴 단아하고 굳건한 정신은 단지 도도하고 강건한 성품에서만 비롯된 것이 아니라, 유배당할 수밖에 없었던 세상의 풍파, 즉 세한이 있었기에 드러난 것이기도 하다. 그 정신이 표현된 것이 세한 이후에도 푸른 소나무와 잣나무, 그리고 퇴락한 집이다. 그러니 〈세한도〉에는 세한의 계절을 모두 거치면서도 그 시간을 이겨내고 극복한 숭고한 정신이 들어 있는 것이다.

2

공자가 말한 세한의 뜻은 온 세상이 어지러워진 뒤에야 비로소 깨끗한 선비가 드러난다는 뜻이다. 우리의 삶에 추위가 온다는 것은 시련이다. 하지만 시련이야말로 우리의 삶이 얼마나 소중한 것인지를 깨닫게 해준다. 모진 추위(시련) 속에서 삶의 아름다운 가치가 비로소 드러나는 것이다.

〈세한도〉의 오른쪽 아래에는 붉은 인장으로 '장무상망(長毋相忘)' 네 글자가 양각으로 선연하게 찍혀 있다. '길이 서로 잊지 말자'는 뜻이다. 이는 멀리 한나라 때부터 전해져 내려온 우정의 맹세이거니와 김정희의 인장은 누구나 바라는 공연한 다짐이 아니라 세한의 계절을 통해 이미 입증된 우정을 말하고 있다는 점에서 흔하디흔한 맹세와는 격이 다르다. 그러니 〈세한도〉는 더 이상 추운 그림이 아니다.

이
황
과

기
대
승

나이와 지위를 넘어
서로 존중하며 논쟁하다

편지로 맺어진 사제지간

1559년 어느 봄날, 벼슬을 버리고 고향 안동으로 내려와 청량산에 은거하고 있던 퇴계 이황은 멀리 전라도 광주에서 보내온 한 통의 편지를 받는다. 그 전해 그는 임금의 부름을 받고 서울로 올라가 잠시 성균관 대사성을 맡았는데 그때 기대승이라는 젊은 학자를 만난 적이 있다. 기대승은 과거를 보려고 서울에 막 올라온 참이었지만, 이미 나라 안에 이름이 널리 알려져 있었다. 더욱이 그가 급제하여 조정에 나아가자 온 나라의 이목이 그에게 쏠렸다. 이황은 그를 만나 잠시 태극(太極)에 관한 이야기를 나누었는데 짧은 만남이었지만 기대승의 도저한 학문의 깊이에 경탄하지 않을 수 없었다. 편지는 바로 그 기대승이 보낸 것이었다. 편지에는 근황을 묻는 인사말과 함께 사단칠정(四端七情)에 대한 자신의 견해를 피력하고 있었다.

　사단과 칠정은 모두 정(情)입니다. 그러니 선생께서 이(理)와 기(氣)로
　나누어 대거 호언한 것은 옳지 않은 듯합니다.

　이황은 잠시 생각에 잠겼다. 칠정은 욕망이다. 그리고 사단은 욕
망 중에서 선한 것이다. 그렇다면 칠정도 사단도 다 같이 욕망인데
퇴계 자신은 일찍이 사단은 이가 발한 것이고 칠정은 기가 발한 것
이라고 했다. 그렇다면 범주 오류의 혐의가 없을 수 없다. 기대승은
바로 그 점을 지적하고 있는 것이다. 참으로 명쾌하고 당당한 지적
이 아닌가.
　이황은 생각을 이어갔다. 기대승의 지적은 타당한 것이었다. 그런
데 아무리 생각하고 또 생각해봐도 도덕과 욕망의 근원이 같다는 주
장만은 납득할 수 없었다. 이황의 생각이 무르익는 사이 뜨거운 여
름이 지나고 황금빛 가을이 지나갔다. 서설이 내리는 어느 겨울날
이황은 붓을 들고 써 내려갔다.

　사단은 정이고 칠정 또한 정이라는 말씀은 맞습니다. 그런데 왜 사단
　과 칠정이라는 다른 이름이 있겠습니까? 보내주신 글에서 말씀하신
　대로, 나아가서 말하는 바가 다르기 때문입니다. 무릇 이와 기는 본

래부터 서로 따르면서 본체를 이루고, 서로 기다리면서 작용이 됩니다. 참으로 이 없는 기는 있을 수 없고, 기 없는 이 또한 있을 수 없습니다. 그러나 나아가서 말하는 바가 다르기 때문에 구분하지 않을 수 없습니다.

편지는 서울에 있는 제자 정유일에게 보내졌고 다시 기대승이 머물고 있던 광주로 전해졌다. 그 사이 편지는 전국을 돌면서 선비들에게 뜨거운 관심을 불러일으켜 천하에 공맹과 주자의 학술이 살아 있다는 것을 알렸다.

사화의 시대를 살다

이황과 기대승은 모두 성현의 학문을 실천하는 일이 화란을 초래했던 암흑의 시대를 살았다. 이황은 연산군 시대에 태어나 중종, 인종, 명종, 선조의 5대에 걸친 정치적 격동기를 보냈다. 이황이 태어나기 3년 전에 무오사화(1498)가 일어나 김일손을 비롯한 선비들이 희생되었고, 네 살이 되던 해에는 갑자사화(1504)가 일어나 김굉필과 성준이 죽임을 당하고 정여창, 남효온 등이 부관참시당했다. 또 열아홉 살 되던 해에 조광조가 희생되는 기묘사화(1519)를 직접 목격했고, 급기야 마흔다섯 살 때에는 을사사화(1545)가 일어나 형 이해가 역당으로 몰려 곤장을 맞고 귀양 가던 길에 죽고 자신도 삭탈관직당하기에 이른다.

기대승의 경우도 이황과 크게 다르지 않다. 그의 아버지 기진은 아우 기준과 함께 당대의 이름난 선비였다. 기준은 기묘사화가 일어 나던 날 조광조와 함께 옥에 갇혔던 기묘명현 중 한 사람으로 충청 도 아산으로 유배되었다가 나중에 함경도 온성으로 이배된 뒤 죽임 을 당했다. 아산에 있을 때 어머니가 위독하다는 소식을 듣고 잠시 배소를 벗어난 적이 있었는데, 뒤에 그 죄를 물어 교형에 처해진 것 이다.

기진은 아우 기준이 사화에 희생당하자 대대로 살던 서울을 떠나 광주로 내려가 은거하게 되었는데, 기대승이 호남의 명유가 된 것은 이런 연유에서 비롯된 것이다. 기대승은 1558년 문과에 급제하여 사 관이 되었고, 1563년에 사정이 되었는데 이때 훈구파에 의해 신진사 류의 영수로 지목되어 삭직당하는가 하면, 이후 영의정 이준경과의 불화로 쫓겨나기도 했고, 권신 이량의 미움을 받아 삭탈관직당하고 도성 밖으로 추방되기도 했다.

화란의 시대를 살았던 두 사람이 처음 만난 것은 1558년 기대승 이 과거시험을 보기 위해 서울에 올라와 잠시 머물 때였다. 그해 10 월 기대승은 문과 을과에 1등으로 급제했고 같은 달에 성균관 대사성으로 있던 이황을 만나게 된다. 당시 기대승은 서른두 살의 신진이었지만 이황은 유림의 신망을 한 몸에 받고 있던 쉰여덟 살의 노사숙유였기 때문에 두 사람의 만남은 의례적인 일이었을 듯하다. 그럼에도 이황은 극진한 예우를 갖추어 기대승을 대했는데, 기대승이 비록 나이가 어렸지만 서른한 살에 이미 《주자대전》을 발췌하여 《주자문록》을 편찬할 만큼 주자학에 정진했고, 이항, 김인후, 정지운 같은 당대의 명유와 교류할 때 늘 탁견으로 그들을 놀라게 했다는 명성을 익히 들어 알고 있었기 때문이다.

이황, 먼저 손을 내밀다

두 사람은 이후 평생의 지기로 서로를 인정했는데 먼저 손을 내민 사람은 이황이었다. 첫 만남 이후 이황은 기대승이 고향으로 내려간다는 소식을 듣고 이렇게 편지를 보냈다.

병든 몸으로 문밖을 나가지 못했는데 어제 찾아주시어 만나고 싶어 하던 바람을 이루었으니 얼마나 다행인지 모르겠습니다. 고맙기도 하고 부끄럽기도 하여 뭐라 드릴 말씀이 없습니다. 내일 남쪽으로 가기로 하셨는지요? 추울 때 먼 길을 떠나시니 먼저 몸을 조심하십시오. 모름지기 덕을 높이고 생각을 깊이 하여 대업(大業)을 이루기를 간절히 바랍니다.

두 달이 안 되어 제자 박순을 통해 기대승의 답장을 받은 이황은 다음 해 정월 초에 다시 편지를 썼다.

지난번 만나고 싶은 소망은 이루었지만 꿈속에서 잠깐 만난 것처럼 서로 깊이 알 겨를이 없었는데도 오히려 뜻이 흔연히 부합하였습니다. 그러다가 그대가 사단칠정을 논한 이야기를 전해 듣고는 내 생각이 온당치 못하다고 여기던 차에 보내주신 편지를 읽고 보니 더욱 엉성하고 잘못되었다는 것을 알았습니다. 처음 만난 날부터 저의 고루한 소견이 박학한 공에게 도움을 얻은 바가 많았는데, 하물며 오래 사귀게 된다면 말할 나위가 있겠습니까? 다만 헤아리기 어려운 것은 한 사람은 남쪽에 있고 한 사람은 북쪽에 있으니 더러 제비와 기러기가 오가는 것처럼 서로 어긋날 수도 있다는 점입니다. 드리고 싶은 말이 참으로 많습니다만 멀리 보낼 글이니 줄이겠습니다. 오직 이 시대를 위해 자신을 소중히 여기십시오.

이황의 이 편지에는 지난날 잠깐의 만남을 얼마나 소중히 여기고 있는지, 또 앞으로 오랫동안 함께하고 싶은 간절한 마음이 보인다.

더욱이 제비와 기러기의 비유를 들어 서로 만나기 어려운 처지를 아쉬워하는 데서 상대를 소중히 여기고 시대를 걱정하는 마음 또한 엿볼 수 있다. 이황의 편지를 받은 기대승은 3월 5일에 다음과 같이 답장을 썼다.

지난번 다행히 선생을 찾아뵙고 가르침을 받아서 깨우친 것이 참으로 많았습니다. 황홀할 정도로 심취하여 곁에 머물러 모시고 싶었지만 병든 몸이 추위를 견디기 어려운 데다 사정이 여의치 못해 마침내 말머리를 남쪽으로 돌렸습니다. 그 뒤로 고향의 일은 그럭저럭 걱정을 덜었지만 선생의 덕을 그리워하는 마음은 날이 갈수록 쌓여 슬픔이 아득하니 어찌해야 좋을지 모르겠습니다.
저는 기질이 박약하여 뜻을 굳게 세우지 못하여 세속의 물결에 휩쓸려 헤어나지 못하게 되었으니 통탄스럽습니다. 그런데도 지난번 선생께서 속마음을 보여주시며 노력하라고 깨우쳐주신 은혜를 입었으니, 어쩌면 저를 더불어 이야기할 만한 상대로 여기신 건지요? 그저 송구할 뿐입니다.

이황의 속마음이 고스란히 보이는 편지를 받은 기대승은 한편으로는 그를 그리워하는 절실한 마음을 보이고 또 한편으로는 자신을 지기로 인정하는 이황의 태도에 감격해하고 있다. 이어 기대승은 다음과 같이 사단칠정에 대한 자신의 견해를 적었다.

사단칠정론은 제가 평소 깊이 생각했던 바입니다. 그러나 스스로 견해가 오히려 분명하지 못한데 어찌 감히 거짓된 주장을 펴겠습니까? 게다가 선생께서 고치신 부분을 연구해보면 의심이 분명하게 풀리는 것 같습니다. 그렇지만 제 생각에는, 먼저 이기에 대해 분명하게 안 뒤에야 심(心), 성(性), 정(情)의 뜻이 모두 자리를 잡게 되고 사단칠정을 쉽게 분별할 수 있을 듯합니다. 후세 여러 학자의 이론이 자세하고 분명하지만 자사, 맹자, 정자, 주자의 말씀과 견주면 차이가 있으니, 그 까닭은 이기를 제대로 이해하지 못했기 때문인 듯합니다. 어리석은 견해를 아뢰어 선생께 바른 뜻을 구하고 싶었습니다만 오랫동안 바빠서 다시 살필 겨를이 없었습니다. 또 생각을 글로 쓰면 잘못될까 염려되어 감히 쓰지 못했습니다. 봄여름 사이에 서울로 가기로 정했습니다. 뵙고서 가르침 받기를 간절히 바랄 뿐입니다.

조선 성리학의 일대사건이라 할 이른바 사단칠정 논쟁은 이렇게 시작되었다. 사단칠정 논쟁은 조선 주자학의 독자적 성격을 가늠하는 중요한 철학적 전환을 일으켰다는 점에서 한국 철학사에서 아주 중대한 사건이다. 말미에 기대승은 서울로 가서 이황을 직접 만나 가르침을 받겠다고 쓰고 있다. 그러나 서울로 가지 못하게 되어 편지를 보냈는데 이때 이황은 이미 고향으로 내려가고 있던 중이라 편지가 전해지지 못하고 되돌아오게 된다. 앞서 이황이 편지에 쓴 대로 제비와 기러기가 오가는 것처럼 길이 엇갈린 것이다. 그래서 고봉은 다시 편지를 써서 이황이 있는 안동으로 보내게 된다. 이후 두 사람은 장장 8년간 도덕과 욕망의 관계를 논하는 편지를 주고받았다. 논쟁이 끝난 뒤에도 이황이 세상을 떠나는 1570년 12월까지 100여 통이 넘는 편지를 교환하게 된다.

두 사람의 편지글에는 서로의 안부는 말할 것도 없고, 나라의 중대사를 두고 생각을 묻기도 하고, 생활상의 대소사를 처리할 때 의견을 청하는 내용, 당면한 어려움을 해결할 수 있는 조언을 구하거나 부모의 묘갈명이나 글씨를 부탁하는 내용 등 참으로 다양한 이야기가 담겨 있는데, 어느 경우에도 학문적 토론이 빠지지 않았다. 이를테면 이황의 저술 중에서 그가 평생 갈고닦은 정수를 엮었다고 평가받는《성학십도》를 맨 처음 본 사람도 기대승이었다. 이황이《성학십도》를 완성하기 전 먼저 기대승에게 편지를 보내 자문을 구했기 때문이다. 또 성리학의 가장 중요한 주제인 '무극과 태극'에 관한 논의나 '격물치지설'을 확정할 때도 이황은 늘 기대승에게 편지를 보내 먼저 자문을 구한 뒤 자신의 저술을 수정했다.

기록에 따르면 두 사람이 직접 만난 것은 평생에 걸쳐 서너 차례에 지나지 않는다. 이황의 경우 벼슬살이를 한 기간이 짧았지만 기대승은 상당히 오랫동안 벼슬을 하면서 서울에 머물렀기 때문에 두 사람의 만남이 드물게 기록된 것은 의외라고 생각할지 모르겠다. 하지만 공교롭게도 한 사람이 올라가면 한 사람이 내려가는 식으로 매번 길이 엇갈렸기 때문에 일어난 일일 뿐이다.

˙ 마지막 만남

이들의 마지막 만남은 1569년 3월의 일로 처음 만난 지 11년이 흐른 뒤였다. 고향으로 떠나는 이황을 기대승이 송별하면서 두 사람은 한강변 농막에서 함께 머물다가 봉은사에서 헤어졌다. 이때 기대승은 배 위에서 시 한 수를 지어 이렇게 이별을 아쉬워했다.

한강 물 도도히 밤낮으로 흐르는데	漢水滔滔日夜流
선생께서 떠나시니 어찌하면 붙잡을까	先生此去若爲留
닻줄 잡고 머뭇거리는 흰 모래톱 가에	沙邊拽纜遲徊處
한없는 이별의 아픔 헤아릴 길 없구나	不盡離腸萬斛愁

이황 또한 답시를 지어 화답했다.

배에 나란히 앉았으니 모두 다 좋은 사람 　　列坐方舟盡勝流

돌아가려는 마음 종일 끌리어 머물렀네 　　歸心終日爲牽留

한강 물 가져다 행인의 벼루에 더하여 　　願將漢水添行硯

이별의 무한한 시름 써내고 싶어라 　　寫出臨分無限愁

이후 두 사람은 다시 만나지 못하고 편지만 주고받는다. 다음은 1570년 11월 15일에 기대승이 이황에게 보낸 마지막 편지다.

'격물'과 '무극'에 대한 해석은 선생께서 굽어살펴주심에 힘입어 평소 어지럽게 오가던 것이 끝내 한가지로 매듭지어졌습니다. 한평생 이보다 큰 행복이 있겠습니까. 춤을 추며 뜀을 뛰어도 그 즐거움을 다 드러내지 못할 것입니다.

호남과 영남이 막히고 멀어 찾아뵐 길이 없으니, 몸소 경계의 말씀을 받들거나 의심나고 애매한 것을 여쭤보지 못하는 것이 한스럽습니다. 종이를 펴놓고 앞에 앉으니 슬픈 생각이 일어, 동쪽을 바라보며 눈물 흘립니다. 섣달그믐이 가까워 추운 날씨가 더욱 사나워지는 이때에 몸을 더욱 돌보시기 천만 번 비오며 이만 줄입니다.

편지를 받은 이황은 같은 해 11월 17일에 답장을 보냈다.

지금까지 '격물'과 '무극이태극'에 대한 저의 견해는 모두 잘못되었다는 것을 알겠습니다. 그래서 이미 그 고친 내용을 베껴서 그대에게 전하라며 이정에게 맡겼습니다. 하지만 아마도 전하는 도중에 착오가 일어난 것 같아 지금 한 편을 다시 보내니 아울러 헤아려주십시오. 근심으로 마음이 어지러워 대충 적었습니다. 삼가 어려운 시절에 몸을 더욱 아끼고 학문의 성취를 게을리 하지 말고 시대의 소망에 부응하기를 바라면서 삼가 답서를 올립니다.

이 편지에 쓴 것처럼 이황은 기대승의 견해에 따라 '격물'과 '무극이태극'에 대한 자신의 견해를 고쳐 썼다. 이들의 편지 왕래는 이것으로 끝났다. 그해 12월 8일에 이황이 세상을 떠났기 때문이다. 부음을 전해 들은 기대승은 집 안에 신위를 설치하고 통곡했다.

두 성리학자의 죽음

이황은 죽기 전 제자들과 작별하는 자리에서 이르길, "평소 그릇된 식견을 가지고 여러분과 함께 종일토록 강론하는 일이 쉽지는 않았다"라고 했다. 또 세상을 떠나기 직전 유계(遺戒)를 남겼는데 자신이 죽으면 비석을 따로 세우지 말고, 단지 조그마한 돌에

다 앞쪽에는 '퇴도만은진성이공지묘(退陶晚隱眞城李公之墓)'라고만 새기도록 당부했다. 만약 다른 사람에게 부탁하여 묘비명을 짓는다면, 기고봉 같은 이는 반드시 실상 없는 일을 장황히 늘어놓아 세상 사람의 웃음거리가 될 것이니 스스로 지은 묘비명을 뒤쪽에 새기라고 했다.

짐짓 기대승이 빈말을 일삼는 사람인 것처럼 말하고 있지만 기실 묘비명을 부탁할 사람은 그 말고 다른 사람이 없다는 뜻을 은연중에 내비친 것이자, 자신을 참으로 아는 사람은 기대승뿐임을 에둘러 표현한 것이다. 이듬해 이황의 숨은 뜻은 실현된다. 그해 2월에 기대승이 이황의 자찬묘비명에 이어 묘갈명서(墓碣銘序)와 묘지(墓識)를 지었기 때문이다. 이황이 스스로 지은 묘비명은 아래와 같다.

산은 높디높고   有山巍巍

물은 끊임없이 흐르네   有水源源

베옷 입고 한가로이 지내니   婆娑初服

뭇 비방에서 벗어났네   脫略衆訕

내 그리운 이 저 멀리 있어 만나지 못하니   我懷伊阻

내 누구와 품고 있는 보물을 함께 즐길까   我佩誰玩

내 옛사람을 생각하니   我思古人

실로 내 마음을 얻었구나   實獲我心

이 자찬묘비명 아래 기대승은 다음과 같은 묘갈명을 썼다.

아, 슬프다. 어리석은 나는 선생의 도움으로 성취를 이루었으니 그 은혜는 부모와 천지보다 더하다. 이제 선생께서 돌아가셨으니 태산이 무너진 듯 대들보가 꺾인 듯 돌아갈 곳이 없다.

이어 묘지는 이렇게 지었다.

오호라 선생은	嗚呼先生
벼슬이 높았으나 스스로 가진 체하지 않았고	官雖高而不自以爲有
학문에 힘썼으나 스스로 넉넉하다 여기지 않으셨네	學雖力而不自以爲厚
태산은 평평해질 수 있고	山可夷
돌은 닳아 없어질 수 있지만	石可朽
선생의 이름은	吾知先生之名
천지와 함께 영원할 것이다	與天地而竝久

이황이 그리워한 사람은 옛 성현이다. 그 그리움을 함께 나눈 사람은 누구일까? 기대승이다. 그리고 기대승은 이황의 이름이 천지와 함께 영원할 것이라고 했다. 이제는 의지할 사람이 없어서일까. 이황이 세상을 떠나고 채 2년이 지나지 않아 기대승 또한 세상을 떠나게 된다. 죽음을

3

앞두고 사돈 김점이 할 말을 묻자 기대승은 "죽고 사는 것은 천명에 달려 있으니 개의할 것이 없고, 학문이 옛사람에게 미치지 못하니 몹시 송구할 뿐이다"라는 말을 남겼다.

부음이 알려지자 선조는 크게 슬퍼하면서, 사간원에서 "기모(奇某)는 어려서부터 성현의 학문에 뜻을 두어 학문이 심오한 경지에 도달하였는데 집안이 가난하여 장례를 치를 수가 없으니 나라에서 상례와 장례를 주선하도록 해주십시오"라고 올리자 곧 허락했다.

이들이 살았던 시대는 태평성대가 아니었다. 오히려 사화와 당쟁이 격화되어 탁류가 도도히 흐르는 암흑의 시대였다. 하지만 밤이 깊을수록 별이 더욱 빛나는 것처럼 그들은 그토록 어두운 시대에 자신을 수양함으로써 오히려 세상에 밝게 드러났다. 400년도 더 된 오래된 이야기이지만 그들이 남긴 아름다운 편지는 친구는 많지만 우정을 찾기 어려운 이 시대에 이르러 더욱 빛난다.

* 편지와 시의 번역문은 한국고전번역원의 '한국고전종합DB'와 김영두가 지은 《퇴계와 고봉, 편지를 쓰다》(소나무, 2003)를 참고하여 필자가 수정했다.

주희와 채침

금지된 학문으로
시대와 불화하다

스승의 명에 따라 고전을 풀이하다

　중국 남송 영종 16년(1210) 어느 날의 일이었다. 남송의 유학자 채침(蔡沈, 1167~1230)은 《서경집전》을 막 탈고하고 나서 이렇게 써 내려갔다.

　기미년(1199) 겨울에 선생 문공께서 나로 하여금 《서경집전》을 짓게 하시고 이듬해에 선생이 돌아가셨다. 그리고 10년이 지나 비로소 책을 엮었으니 모두 몇만 자이다. 아, 《서경》을 어찌 쉽게 말할 수 있겠는가. 이제(二帝)와 삼왕(三王)이 천하를 다스린 커다란 법도가 모두 이 책에 실려 있으니, 나같이 식견이 얕은 자가 어찌 그 깊은 뜻을 다 드러내 밝힐 수 있겠는가. 하물며 수천 년 뒤에 태어나 수천 년 전의 일을 강론하여 밝히려 하니 또한 매우 어렵다. (…) 내가 이 책을 선생께 배운 이래로 깊이 생각하고 여러 학설을 참고하여 처음부터 끝까지 살핀 뒤에야 비로소 감히 절충하였으나, 은미(隱微)한 말과 깊은 뜻은 대부분 옛날 선생에게 들은 것을 기술한 것이다. 또 〈요전〉·〈순전〉과 〈대우모〉는 선생께서 일찍이 바로잡으셔서 손때가 아직도 새로우니 아, 슬프다! 이 책은 본래 선생께서 명하신 것이므로 선생의 말씀을 인용할 때 따로 표시하여 구별하지 않았다.

이 글은 훗날 정밀한 사유와 정확한 고증으로 훈고와 의리를 망라함으로써 한당 이래의 훈고학적 전통을 넘어 고전 주석의 새로운 지평을 열었다고 평가받는 《서경집전》의 서문이다. 책의 내용을 소개하는 데 그치지 않고, 10년 전 세상을 떠난 스승을 그리워하는 마음이 애틋하게 드러나 있는 데다, 자신이 이룬 학문적 성취가 기실은 스승의 가르침에 따른 것이라고 자기 정신의 기원을 밝히고 있다는 점에서 단순한 서문이 아니라 스승을 기리는 노래라고 해도 좋을 것이다.

채침이 말한 스승 문공은 바로 동아시아 중세를 대표하는 철학자 주희(朱熹, 1130~1200)를 가리킨다. 그가 주희를 스승으로 모시게 된 것은 그 자신의 뜻이기도 했지만 아버지 채원정의 뜻에 따른 일이기도 했다. 채원정은 주희보다 다섯 살이 어렸지만 이미 학문과 덕행으로 이름이 널리 알려졌는데도 주희의 명망을 듣고 그의 문하에 들어가 제자가 되려 했다. 채원정을 맞이한 주희는 이야기를 나누어본 뒤 그의 인품과 식견에 크게 감동하여 제자의 반열에 있게 할 수는 없고 마땅히 벗으로 사귀어야 할 것이라고 하여 급기야 자식을 바꾸어 가르치기에 이른 것이다. 이후 주희는 그를 '노우(老友)'라 부르며 존중했고, 다른 제자들에게는 "성(性)과 천도(天道)에 관한 도리는 먼저 채원정에게 배워야 한다"라고 말하곤 했다.

˙고전 재해석에 평생을 바치다

채침의 스승 주희는 자가 중회(仲晦)이고 호는 회암(晦庵)이다. 그의 학문, 곧 주자학은 훗날 동아시아 중세 질서를 대표하는 이데올로기로 공인되었지만, 그의 삶은 극적이라 할 정도로 험난했다. 온 가족이 고향을 떠나 임시로 머물고 있던 복건성 우계에서 전란의 와중에 태어났을 뿐 아니라, 자신의 학문이 거짓 학문으로 규정되어 금지된 상태에서 세상을 떠났기 때문이다. 그는 어린 시절부터 아버지 주송의 훈도를 받았는데, 한번은 주송이 하늘을 가리키며 '저것이 하늘'이라고 일러주자, 곧바로 '하늘 위에는 무엇이 있는지'를 물어 주송을 놀라게 했다. 열네 살 때 세상을 떠난 아버지의 유언을 받들어 호적계, 유백수, 유병산 등을 찾아다니며 다양한 분야의 학문을 접했으며, 한때 불교에 심취하기도 했다. 그러다 아버지 주송과 동문수학했던 이동(李侗)을 스승으로 섬기면서 비로소 유학으로 돌아와 학문의 깊이가 더해졌다.

열아홉 살에 과거에 급제하여 벼슬길에 나아간 뒤 지방 행정을 담당하기도 하고, 한때 조봉대부(朝奉大夫)로 승진하여 영종 황제의 측근이 된 적도 있었으나 고위층의 부패상을 서슴없이 고발하는 바람에 오래지 않아 파면되거나 좌천되기 일쑤였다. 하지만 주희는 벼슬하는 데 연연하지 않았고 건양 고정에서 71세로 세상을 떠날 때까지 유학을 진흥하고 수양에 매진하며 후학을 양성하는 일에 전념했다. 그는 송나라 고종 대에 태어나 50년 동안 네 명의 황제를 섬겼으나 9년 동안 지방 관리를 했고 조정에 나간 것은 40일에 지나지 않았다.

주희의 삶은 작은 철학사를 구성할 수 있을 정도로 깊은 철학적 사색과 치열한 학문적 토론으로 가득하다. 당시까지 철학사를 점령하고 있던 불교와 도교의 철학을 비판하기 위해 주희가 선택한 방법은 유학의 고전을 재해석하는 것이었다. 그는 서른네 살 때 《논어요의》와 《논어훈몽구의》를 완성하는 것을 시작으로 평생 《대학》, 《논어》, 《맹자》, 《중용》, 《시경》, 《주역》 등 유학의 주요 고전을 주해했고, 주해의 근거를 문답 형식으로 밝힌 《사서혹문》을 저술하기도 했다.

시대의 자리에서 고전을 읽다

주희의 학문적 활동은 오래된 유학의 고전을 주석하는 데 그치지 않았다. 그는 바로 앞선 시대 북송의 유학자들이 남긴 저술을 치밀하게 분석하고 주해함으로써 그들의 지향이 어디에 있는지 밝혀내는 데 각별한 노력을 기울였다. 그 결과 주희의 철학에는 유학의 고전에 근거한 유구한 전통뿐 아니라 당대의 지성이 관심을 기울였던 시대정신이 살아있다는 평가를 받는다.

예를 들어 1164년에는 스승 이동과 주고받은 편지들을 모은 《연평답문》을 엮었고, 1169년에는 북송의 철학자 주돈이의 《태극도설》과 《통서》를 교정하고 주해했다. 몇 년 뒤에는 역시 북송의 철학자 장재의 《서명》을 주해했으며, 정호와 정이의 학문 유래를 밝힌 《이락연원록》과 《정씨외서》를 완성했다. 주희는 유학의 고전을 주해하면서도 동시에 당대 지성들이 남긴 문헌을 주해하고 계보를 정리함으로써 고전과 당대가 만나는 방대한 철학 체계를 구축한 것이다.

또 장식과 진량 등 동시대의 지성들을 만나 유학의 근본 문제를 토론함으로써 유학적 사유의 지평을 넓혔고, 여조겸과 《근사록》을 함께 편찬하여 성리학의 저변을 확대하는 데 힘을 기울였다. 1175년에는 여조겸의 주선으로 아호사에서 육구연, 육구소 형제를 만나 인생과 우주의 근본 문제를 두고 열띤 토론을 벌였는데, 이것이 유명한 '아호지회(鵝湖之會)'다.

주희의 관심은 철학 분야에만 그치지 않았다. 예순여덟 살에 한유의 문장을 정리하여《한문고이》를 펴냈으며, 죽기 한 해 전인 1199년에는 굴원의《초사》를 주해했다. 그는 세상을 떠나기 전까지 80종이 넘는 책을 저술했고, 동시대의 학자들과 2천여 통의 편지를 주고받았으며, 8만 자에 달하는 문집을 남겼다. 그의 사후에 제자들이 정리한 대화록인《주자어류》는 20만 자에 달하는 방대한 분량이다. 주희는 만년에 온갖 질병에 시달렸지만 죽기 직전까지 붓을 놓지 않고《대학장구》를 수정했다.

주희의 철학은 동시대 철학자들의 문제의식을 공유하고 그들의 시대정신을 바탕으로 유학의 고전을 재해석함으로써 마치 벽돌을 쌓아 건축물을 세우는 것처럼 정교한 체계를 구축한 것이다. 주희가 송학(宋學)을 집대성했다고 평가하는 것은 이런 이유에서다.

금지된 학문, 지나간 성현에 도전장을 던지다

흔히 강고한 체제 수호 이데올로기로 비판받는 주희의 철학은 주희 생존 당시에는 권력자들로부터 탄압받는 학문이었다. 특히 만년인 예순여섯 살 때에는 승상 한차주가 주희를 모함하여 그의 학문을 거짓 학문[僞學]으로 규정하고 급기야 주희를 탄핵하고 관직에서 파면하기에 이르렀다. 이것이 이른바 '경원위학지금(慶元僞學之禁)'이다. 이런 탄압으로 인해 주희의 저술은 간행이나 유포가 금지되었기 때문에 그의 학문에 뜻을 둔 사람들은 숨어서 공부할 수밖에 없었다. 이 금지 조치는 주희가 죽을 때까지 계속되다가 그가 죽고 난 뒤에 비로소 해제되었다.

주희가 탄압받을 수밖에 없었던 것은 권력자들의 비리와 부정을 강하게 비판했던 그의 강직한 성품 때문이기도 했지만 근본적으로는 소수의 귀족을 중심으로 국가를 운영하는 방식에 대한 비판적 견해가 그의 새로운 학문 전반에 깔려 있었기 때문이다.

주희 이전의 사유체계에 따르면 국가를 운영하는 주체는 태어나면서 결정된다. 곧 혈연을 중심으로 역할이 결정된 왕과 귀족이라는 소수의 절대권력자들이 국가의 주인이며, 이들이 백성들을 통치하는 모든 권한을 독점한다. 따라서 독서를 통해 과거에 급제하여 통치에 참여하는 사대부 계층은 그들의 명령에 따라 문서를 처리하는 소극적 역할에 그칠 뿐 국가의 통치에 직접 관여할 수 없다.

하지만 주희의 철학 체계에 따르면 독서를 통해 벼슬에 나아간 사대부는 정치의 보조 역할에 그치지 않고 직접 정치에 참여하는 적극적인 존재다. 그 때문에 사대부는 왕과 귀족의 통치행위를 정당화하는 데 관심을 두기보다는 오히려 그들의 통치행위에 어떤 문제가 있는지 살피고, 직접 올바른 정치를 구현해야 할 책임을 요구받는다. 이 같은 관점은 기존 권력의 지형을 흔들 수 있을 만큼 강력한 논리를 갖추고 있었기 때문에 기득권을 가진 고위 관료층은 이들의 등장을 반길 수 없었다.

이들의 특징은 학문의 목적을 규정하는 데에서도 찾아볼 수 있다. 한당의 유학자들이 경전의 글자를 한 자 한 자 정확하게 밝혀내는 데 골몰했다면, 주자학자들은 경전의 뜻을 아는 것만으로 성현의 학문이라고 할 수 없고 경전에 담긴 성현의 뜻을 직접 실천하여 스스로 성인이 되어야 한다고 주장한다. 곧 배워서 성인이 되는 것을 학문의 목적으로 삼은 것이다.

배워서 성인이 된다는 학문의 목적이 어떻게 기존의 정치권력을 위협하는 힘을 가지게 되는지 의아해할 수 있다. 유학에서 바람직한 인간상으로 그리는 성인은 내면의 덕이 충실한 사람이고 그런 사람이 왕이 되어 천하를 다스리는 것을 이상으로 삼는다. 곧 성인이 되는 것은 개인의 내면 수양에 그치는 것이 아니라 밖으로 백성들을 다스리는 통치를 담당함으로써 완성되는 것이다. 이 같은 유학의 지향을 현실정치에 적용하면 수양이 부족한 사람이 단지 타고난 혈연 때문에 통치자가 되는 것은 옳지 않다는 결론에 이르게 된다. 기존의 권력자들이 주자학을 위학으로 탄압하며 두려워한 이유는 바로 이 같은 주자학의 정치적 지향이 기득 권력을 위협한다고 판단했기 때문이다.

3대가 주문의 간성이 되다

채침(蔡沈, 1167~1230)은 자(字)가 중묵(仲默)으로 채원정의 셋째 아들로 태어났는데 주희보다 서른일곱 살이나 어렸다. 그의 이름과 자는 모두 주희가 지었는데, 침(沈)은 '도리를 깊이 생각하라'는 침잠(沈潛)의 뜻을, 묵(默)은 '말하지 않고 가만히 도리를 안다'는 묵이식지(默而識之)의 뜻을 담은 것이라 한다. 어린 시절부터 아버지에게 배웠고, 아버지와 함께 주희의 문하에 들어간 뒤로는 주희를 따라 성리학을 공부했으며, 채침의 자식들도 모두 주자학을 공부했다. 그 때문에 채침의 묘비명을 쓴 진덕수는 그의 묘지명에 "들어가서는 아버지의 가르침을 받들고 나와서는 주희를 따라 배웠다(入則服膺父教 出則從文公游)"라고 썼고, 전조망은 "채씨 3대는 모두 주문의 간성이 되었다(蔡氏父子兄弟祖孫 皆爲朱門干城)"라고 〈구봉학안서록(九峰學案序錄)〉에 기록했다.

그도 그럴 것이 채원정의 세 아들 채연, 채항, 채침은 모두 주희의 제자가 되었고, 이른바 경원 2년(1196)에 '위학의 금'이 일어났을 때 한차주 일파가 주문의 영수로 지목했던 것도 채원정 부자였기 때문이다. 이 일로 채원정은 멀리 용릉으로 유배를 가게 되었다. 채침은 아버지를 모시고 수천 리 길을 걸어 유배지에 도착했는데, 그곳에서도 부자가 책을 펼쳐놓고 마주 앉아 의리를 탐구하여 한 치의 흔들림이 없었다고 한다. 하지만 병고에 시달리던 채원정은 결국 유배지에서 세상을 떠났고, 채침은 아버지의 시신을 운구하여 수천 리 길을 떠나 건양으로 돌아온다. 그리고 다시 스승 주희를 찾아 가르침을 받았지만 2년 뒤 스승마저 세상을 떠나자 평생 벼슬하지 않고 구봉산에 은거했기에 세상 사람들이 그를 구봉 선생이라 불렀다.

물론 주희의 제자들이 모두 이들 부자처럼 의리를 지켰던 것은 아니다. 주희의 학문이 탄압받자 많은 문인이 그의 곁을 떠났을 뿐 아니라 한때 주문에 있었다는 사실이 해가 될까 두려워 주희의 집을 지날 때면 멀리 돌아가거나 유복을 벗어던지기도 했다. 심지어 호굉(胡紘)이나 심계조 같은 자들은 주희의 죄목을 논박하는 상소를 올려 입신의 수단으로 삼기도 했다.

˙산이 무너지고 나무가 쓰러지다

위학의 금 이후 주희의 건강은 급격히 악화되었다. 여러 가지 질병이 번갈아 찾아와 늘 두세 가지 병을 달고 살았다. 특히 예순

다섯 살 무렵 제자이자 사위였던 황간에게 보낸 편지에는 "눈이 보이지 않아 글자를 전혀 읽지 못하게 되었다"라며 학자로서 치명적인 증상을 호소하는 내용이 기록되어 있기도 하다. 하지만 노쇠한 육신이 그의 학문적 열정을 꺾지는 못했다. "길어야 1~2년 정도 살 것이다"라고 죽음을 예감하면서도 그 시기부터 '예서(禮書) 편찬'이라는 방대한 학문적 작업을 시작했을 뿐 아니라, 당나라의 대문장가 한유의 전집을 교정한 《한문고이》를 완성한 것이 68세 때였고, 세상을 떠나기 1년 전인 70세에는 굴원의 《초사》를 주해한 《초사집주》를 완성하기에 이른다.

주희의 죽음은 1200년 3월 9일에 찾아왔다. 채침은 스승의 부름을 받고 3월 2일 주희가 머물던 곳으로 찾아갔다. 이때부터 주희가 죽기까지 7일간의 일을 기록했는데 그것이 바로 〈주문공몽전기(朱文公夢奠記)〉다. 글이 길기에 마지막 나흘간의 기록만 인용해둔다.

1200년 3월 6일 신유, 《대학》 성의장(誠意章)을 개정하시고 첨순에게 필사하게 하였으며 그 위에 다시 몇 자를 고치셨다. 또 《초사》 한 단락을 고치셨다. 오후, 설사를 심하게 하시므로 모시고 방으로 들어가시게 했다. 이후 다시 일층 서원으로 나오시지 못하셨다.
3월 7일 임술, 선생의 장부(臟腑)가 빠져나왔다. 문지(주희의 둘째 아들)가 오부에서 왔다.

3월 8일 계해, 정사의 여러 문생이 문병하러 왔다. 선생은 일어났다가 앉아서 말씀하셨다. "내가 잘못하여 그대들이 먼 곳에서 여기까지 오게 했다. 하지만 도리라는 것이 원래 그런 것이긴 하지. 그대들은 모두 공부를 견고하게 하라. 모름지기 다리가 튼튼해야 비로소 앞으로 나아갈 수 있는 법이다." 이때 자리에 있었던 사람은 임자무, 진기지, 섭미도, 서거문, 방백기, 유택지, 조유부, 범익, 그리고 나(채침)였다. 선생은 나를 돌아보시며 말씀하셨다. "나는 자네 아버님과 병세가 같아. 결코 일어나지 못할 것이야." 내가 대답했다. "아버님은 두 달 넘게 앓으셨습니다. 선생님께서는 지금 내장에 통증이 있습니다. 그러나 노인의 체기는 쉬이 허(虛)하게 되니 서둘러 치료하셔야 합니다." 선생의 병증은 실로 선친과 비슷했다. 상반신은 매우 뜨거워 부채를 부쳐도 열이 내리지 않고 하반신은 매우 차가워 설사가 멎지 않았다. 선친도 처음에 점결이 있어서 신공환을 복용하셨는데 내장이 움직이는 결과를 초래했다. 용릉에서 병이 위급해졌을 때 선생께 편지를 보내 그 일을 말씀드린 적이 있었다.

문생들이 물러간 뒤 선생께서는 범백숭에게 편지를 써서 예서의 필사를 부탁하시고 또 손자의 배필을 정하셨다. 그리고 황간에게 편지를 써서 예서의 저본을 보충하여 완성하도록 하셨다. 또 경지(주희의 셋째 아들)에게 편지를 써서 일찍 돌아와 편지글을 정리하도록 하셨다. 그리고 탄식하며 이렇게 말씀하셨다. "오랫동안 우리 부자가 만나지 못했군." 밤중에는 나에게 《소씨병원》을 조사하게 했다.

유택지가 말했다. "선생의 맥이 끊어질 듯 약해진 지 벌써 3일이 지났습니다. 그러나 정신은 또렷하여 이처럼 분명합니다."

3일 9일 갑자, 오경 무렵 나에게 내실로 오라고 하셨다. 선생께서는 침상에 앉아 계셨고 나는 곁에 모시고 서 있었다. 선생께서 손으로 내 옷을 잡아당겨 앉게 하셨다. 하고자 하는 말씀이 있는 것 같았지만 오랫동안 잠자코 계셨다. 의사 제갈덕유가 와 말씀을 삼가게 했다. 치명(유언)을 듣기 위해 침소를 중당으로 옮겼다.

새벽녘, 정사의 문생들이 다시 문병하러 왔다. 미도가 말했다. "선생께 만일 불미한 일이 생기면 예법은 사마광의 《서의(書儀)》에 따라 행할까요?" 선생께서 고개를 끄덕였다. 익지가 말했다. "《의례(儀禮)》를 쓰는 것은 어떻겠습니까?" 선생께서 다시 고개를 끄덕였다. 내가 말했다. "《의례》와 《서의》를 참고해서 쓰는 것이 어떻겠습니까?" 선생께서 그렇게 하라는 듯 고개를 끄덕였다. 그러나 말씀은 못하셨고 글로 써 보여주려 하시는지라 곁에 있던 사람이 수판에 종이를 붙여서 드렸다. 선생은 평소처럼 붓을 잡았으나 붓을 놀릴 힘이 없었다. 잠시 후 붓을 놓고 베개에 기대려 하시다가 손이 잘못하여 두건에 닿았으므로 내게 눈짓으로 바로잡게 하셨다.

여러 문생이 물러가고 나는 선생의 머리맡에, 익지는 발 쪽에 앉았다. 선생께서는 위아래를 둘러보셨고 눈동자는 여전히 불타는 듯이 빛나고 있었지만 천천히 눈을 감았다 뜨기를 몇 번, 이윽고 숨 쉬는 소리가 희미해지더니 돌아가셨다. 낮, 초각(初刻)이었다.

이날, 큰바람이 집을 무너뜨리고 집 옆의 오동나무와 같은 거목들이 뿌리째 뽑혀 나갔다. 얼마 지나지 않아 홍수가 났고 산이 모두 무너졌다. 이것이 이른바 "산이 무너지고 나무가 쓰러졌다"는 것일까? 아, 통탄스럽다!

이 기록에 따르면 주희가 제자들과 만나는 공식적인 자리에서 자신에 대해 마지막으로 남긴 말은 "내가 잘못하여 그대들이 먼 곳에서 여기까지 오게 했다"는 회오(悔悟)의 변이다. 주희가 세상을 떠났다는 소식이 전해지자 그의 제자들과 친구들은 '위학의 금'에도 불구하고 각지에서 모여 곡을 하며 그의 죽음을 슬퍼했다. 그중 주희보다 다섯 살 위였던 대시인 육유(陸游)는 다음과 같은 제문을 써 그의 죽음을 애도했다.

내 백번 죽어 그대를 다시 살리고 싶은 마음입니다
某有捐百身起九原之心
흐르는 눈물 하수가 바다로 쏟아지듯 끝이 없군요
有傾長河注東海之淚

길은 멀고 몸은 늙어

路修齒耄

마음은 그대에게 갔으나 몸은 여기 남아 있습니다

神往形留

그대는 떠났지만 잊히지 않을 것이니

公歿不亡

부디 와서 흠향하소서

尚其來饗

'위학의 금'이 풀린 것은 2년이 지난 뒤의 일이었다.

이색, 정몽주, 정도전 ──

붉은 마음과
푸른 꿈의 만남

물고기도 성을 내고 귀신도 울었다

고려 공양왕 4년(1392) 4월 4일, 문신 정몽주가 개경 선지
교 부근을 지나고 있었다. 앞서 제자 변중량으로부터 이성계 일파가
자신을 죽이려 한다는 이야기를 전해 들었지만, 마침 이성계가 사냥
을 나갔다가 다쳐 드러누웠다는 소식을 듣고 정세를 살피기 위해 문
병을 다녀오는 길이었다. 그가 말을 타고 선지교를 막 건너려는 순
간, 병기로 무장한 한 무리의 사내들이 길을 가로막았다. 그들은 이
방원의 지시를 받고 정몽주를 죽이려고 미리 길목에 숨어 있던 자객
들이었다. 정몽주가 선지교에 이르자 그들 중 조영규가 말을 타고
달려가 정몽주를 철추로 쳤으나 빗나갔다. 놀란 정몽주가 말을 채찍
질하여 달아나니 조영규가 쫓아가 이번에는 말을 철추로 내리쳤다.
말이 넘어져 정몽주가 땅에 떨어지자 다른 자객들이 다가가 정몽주

를 해쳤다. 선지교는 피로 물들었고 고려의 충신 정몽주는 이렇게 죽음을 맞이했다.

그로부터 석 달 뒤인 1392년 7월 17일에 태조 이단(太祖)이 개성의 수창궁(壽昌宮)에서 즉위하여 새로운 나라 조선이 세워졌다. 정몽주는 그저 한때의 역신으로 잊히는 듯했다. 그러나 세월이 흐른 뒤 정몽주가 죽임을 당한 자리에 참죽이 돋아났고 그때부터 사람들은 다리 이름을 바꾸어 선죽교(善竹橋)라 불렀다. 그를 죽인 자들조차 그곳을 지날 때면 옷깃을 여몄다.

앞서 정몽주가 이방원을 만났을 때 이방원은 이렇게 노래하며 넌지시 정몽주의 뜻을 물었다.

이런들 어떠하리 저런들 어떠하리
만수산 드렁 칡이 얽혀진들 어떠하리
우리도 이같이 얽혀서 백 년까지 누리리라

이른바 〈하여가(何如歌)〉다. 고려를 지키려 하지 말고 새로운 나라를 세우는 데 참여하여 함께 잘살아보자는 뜻이다. 정몽주는 이렇게 답했다.

이 몸이 죽고 죽어 일백 번 고쳐 죽어

백골이 진토되어 넋이라도 있고 없고

임 향한 일편단심이야 가실 줄이 있으랴

이것이 정몽주가 남긴 마지막 노래 〈단심가(丹心歌)〉다. 그는 이 노래를 끝으로 고려를 위해 죽었지만 이후 조선조 500년이 다하도록 여항(閭巷)의 어린아이부터 조정의 대신에 이르기까지 이 노래를 모르는 이가 없었다. 18세기 조선의 문인 이덕무는 선죽교를 지나며 이렇게 노래했다.

철추 소리에 솟구친 피 물속으로 흘러드니	血激轟椎走水中
물고기도 성을 내어 지느러미 붉어졌네	群魚拂鬱鬐皆紅
선죽교 붉은 피에 붓 들어 적신 다음	持毫滿蘸橋痕紫
슬픈 노래 지어내면 귀신조차 눈물 흘리리	寫出悲詞泣鬼雄

문무를 겸비한 개혁가

정몽주(鄭夢周, 1337~1392)는 자가 달가(達可)이고 호는 포은 (圃隱)이다. 일찍이 정도전과 함께 목은 이색의 문하에서 배웠다. 정몽주는 젊은 시절부터 정도전, 이성계와 친하게 지냈고 그들과 정치적 지향을 같이한 개혁파였다. 특히 스물세 살 때 다섯 살 어린 정도 전과 처음 만난 이래 그를 평생의 동지로 여겨 1375년(우왕 1)에는 이인임의 친원정책에 반대하는 상소를 함께 올렸고, 개혁에 미온적이던 창왕을 폐위하고 공양왕을 옹립할 때도 뜻을 함께했다. 이후 두 사람은 힘을 합쳐 고려 왕실의 혼란과 피폐해진 민생을 구제하기 위해 전면적 개혁을 단행해나갔다.

당초 정몽주를 위협했던 세력은 이성계를 비롯한 신흥 세력이 아니라 친원파이자 대토지 소유자였던 고려의 구귀족 세력이었다. 이들 개혁 반대파에게 고려 사회의 전면적인 개혁을 추진하는 정몽주는 눈엣가시 같은 존재였다. 그 때문에 그들은 여러 차례 정몽주를 사지로 몰아넣었다. 이를테면 당시 왜구가 자주 출몰하자 개혁 반대파는 정몽주에게 일본에 가서 왜구의 단속을 약속받아 오라고 요구했다. 일찍이 고려는 왜구의 침략행위를 근절시키기 위해 나흥유를 일본에 파견했지만 그가 감금을 당하는 등 고초를 겪은 적이 있었다. 그런 상황에서 정몽주를 보낸 것은 사실상 그를 해치려는 속셈이나 다름없었다. 하지만 정몽주는 일본에 가서 막부에 왜구의 단속을 요청하고 잡혀간 고려 백성 수백 명을 데리고 돌아왔다. 또 중국에 명나라가 들어서고 고려와 외교 관계를 맺은 초기에 명나라에 간 고려의 사신이 처형을 당하거나 곤장을 맞고 죽는 일이 생겼는데, 이번에도 역시 반대파가 정몽주를 사신으로 보냈다. 그는 이때에도 명나라가 고려에 대해 일방적으로 늘렸던 세공을 면제받는 성과를 거두고 돌아왔다. 또 1364년(공민왕 13)에는 여진과의 전쟁에 참가했고 1380년(우왕 6)과 1383년(우왕 9)에도 이성계를 따라 종군하면서 전장을 누비며 활약했다.

더욱이 1388년(우왕 14) 이성계가 위화도에서 회군한 뒤 우왕을 폐위하고 창왕을 왕으로 세우는 데도 협력했고, 다시 창왕을 폐위하고 공양왕을 추대할 때도 뜻을 함께했다. 하지만 이후 이성계의 세력이 지나치게 강성해지자 그의 세력을 약화시키기 위해 정도전을 비롯한 이성계의 조력자들을 제거하는 계획을 수립했다가 결국 죽임을 당하게 된 것이다.

˙후학을 양성하여 유학을 흥기하다

이색(李穡, 1328~1396)은 자가 영숙(穎叔), 호는 목은(牧隱)이다. 가정(稼亭) 이곡(李穀)의 아들이며 익재(益齋) 이제현(李齊賢)의 문인이다. 권근이 쓴 행장에 따르면 그는 열세 살(1341년, 충혜왕 복위 2년)에 성균시에 합격하여 사람들을 놀라게 했고, 1353년(공민왕 2) 5월에는 공민왕이 설치한 과거에 장원으로 급제하여 벼슬길에 나아갔다. 앞서 이색은 아버지 이곡이 원나라에서 벼슬할 때 조관의 자제 자격으로 원나라의 국자감 생원이 된 적이 있었다. 이후 아버지와 함께 고려로 돌아왔다가 아버지가 세상을 떠나자 상을 치른 뒤 다시 원나라로 가 원조의 과거에 급제하여 벼슬을 제수받았다. 원나라 한림원에서 문필로 활동하여 고려와 원에 모두 이름이 널리 알려졌다. 그의 스승 이제현 또한 일찍이 충선왕을 모시고 원나라에서 크게 활약했으니 아버지와 스승, 그리고 그 자신이 모두 고려와 원나라에서 인정받았던 셈이다.

1367년(공민왕 16) 겨울에 원나라로부터 조열대부(朝列大夫) 정동행중서성 좌우사낭중(征東行中書省左右司郎中)에 제수되었고, 고려에서는 판개성(判開城)으로 성균관 대사성을 겸했는데, 이때 그는 정몽주, 김구용, 박상충, 박의중, 이숭인 등을 추천하여 함께 성균관에서 강설하게 했다.

이색은 40여 년 동안 여러 관직을 역임하고 지위가 시중(侍中)에 이르렀으나 그의 참다운 공적은 수많은 제자를 양성하여 유학을 진흥한 데서 찾아야 할 것이다. 훗날 《목은집》 서문을 쓴 이첨(李詹)은 그를 두고 "사문을 흥기시키는 것을 자기의 책임으로 삼아 후학을 가르치는 데 게으름이 없었기에 동방의 성리학이 이로 말미암아 밝아지게 되었다"라고 했다. 정몽주와 정도전 모두의 스승이었던 이색은 제자들 가운데 정몽주를 특히 아꼈다. 정몽주가 성균관에서 강설할 때마다 그는 늘 "달가(정몽주)의 논리는 이치에 마땅하지 않음이 없다"라며 감탄했고, 마침내 정몽주는 동방이학(東方理學)의 조(祖)라 부를 만하다고 극찬했다. 훗날 기대승이나 이덕무 같은 이가 정몽주를 두고 동방이학의 조라 한 것은 모두 이색의 평가에 따른 것이다. 1378년(우왕 4)에 정몽주가 우산기상시(右散騎常侍)가 되자 그는 "맑은 바람 깨끗한 달 정몽주여 홀로 경전 연구하여 끊긴 도학이 었네(光風霽月鄭烏川 獨究遺編績不傳)"라는 시를 지었다. '맑은 바람 깨끗한 달'은 북송 성리학의 태두인 주돈이(周敦頤)를 두고 시인 황정견(黃庭堅)이 존경하는 마음을 담은 표현이었으니, 이 구를 보면 이색이 정몽주에 건 기대가 얼마나 컸는지 짐작할 수 있다.

한번은 그가 한직에 머물 때 정몽주, 이숭인, 이집 세 사람이 찾아오자 반가운 마음을 전하는 시를 이렇게 썼다.

담백한 우정 나눌 이 지금 몇이나 남아 있나	淡交今復幾人存
쓸쓸한 골목에 낮에도 닫힌 내 집 문	里巷蕭條晝掩門
단지 몇 분 찾아오면 자주 신발 거꾸로 신고	只爲數公頻倒屣
좋은 계절 올 때마다 함께 술동이 기울이지	每於佳節共傾樽

정몽주가 찾아오면 신발을 거꾸로 신고 맞이할 정도로 그를 사랑했음을 알 수 있다. 이렇게 아끼던 제자가 이방원에 의해 죽임을 당했으니 그가 매우 애통해했을 것임은 말할 것도 없다. 이기(李墍)가

지은 〈송와잡설(松窩雜說)〉에는 정몽주가 죽임을 당했다는 소식을 듣고 그가 지은 시가 전해 온다.

온갖 공격 숱한 비난 지금까지 끊이지 않더니	省擊臺彈直到今
오천(정몽주)이 당한 재앙 내 마음 놀라게 하네	烏川奇禍駭人心
오고 가며 마음 씀이 어찌 일에 방해되랴	往來屑屑何妨事
송헌(이성계)의 사랑을 더욱 깊이 느끼노라	更感松軒愛我深

오천이라는 지명은 영일(포항)의 다른 이름으로 정몽주를 가리키고, 송헌은 이색이 지어준 이성계의 당호다. 정몽주의 죽음을 충격으로 받아들이면서도 짐짓 이성계가 자신을 살려준 것을 고맙게 여기는 것 같지만 실상은 그를 지켜주지 못한 원망을 에둘러 표현한 것이리라. 한참 뒤 정몽주와 함께 교유하던 이집이 찾아오자 이색은 비로소 정몽주를 애도하는 시를 지었다.

호연(이집)의 호탕한 기운 유림을 뒤덮는 가운데	浩然豪氣蓋儒林
세상 길 미끄러지면서도 곧바로 오늘까지	蹭蹬風塵直至今
단지 하나 사문의 은혜와 의리가 있는지라	只有斯文恩義在
영일(정몽주)을 말할 때면 눈물이 옷깃을 적시누나	每談迎日淚沾襟
교분은 내가 또 타인에 비할 바가 아닌 터	論交我又非他比

5

멋진 시구로 그대와 함께 읊을 자 누구인가	得句誰能與子吟
술과 고기 들고 온 정 새삼 중하기만 한데	牛酒特過情更重
천금 같은 아들을 또 손잡고 데려왔구려	携來況復是千金

이색은 조선이 건국된 뒤 혁명세력에 의해 중형을 당할 처지에 몰렸으나 태조가 자신의 친구라 하여 특별히 사면을 하여 고향으로 돌아간다. 이후 태조가 부르자 여러 차례 사양하다가 1395년(태조 4) 11월에 입조하여 태조를 만났다. 태조가 친구의 예로 대하며 가르침을 청하자 그는 "망국의 대부는 나랏일을 맡을 수 없다 했으니 다만 해골이나 고향 산천에 묻히고자 합니다"라고 대답했다. 태조는 그를 붙잡을 수 없음을 알고 중문까지 걸어 나가 서로 읍(揖)한 다음, 작별했다. 그가 병자년(1396) 여름에 더위를 피하기 위해 여흥으로 갔다가 그곳에서 병을 얻어 세상을 떠났다는 소식을 들은 태조는 이제 자신을 도와줄 이가 없게 되었다고 탄식하며 제문을 내려 그의 죽음을 애도했다.

개혁을 혁명으로 바꾼 시대의 풍운아

정도전(鄭道傳, 1342~1398)은 정몽주와 함께 이색의 문하에서 공부하면서 1370년(공민왕 19)에는 성균박사가 되어 스승 이색, 동문 정몽주와 함께 성리학을 강론했다. 그와 함께 배웠던 이로는 이숭인, 김구용, 김제안, 이존오 등 당대의 기재들이 즐비했지만 정도전은 특히 자신보다 다섯 살 위였던 정몽주를 스승처럼 여기고 따랐다. 정도전이 주장한 역성혁명론의 근거가 된 《맹자》를 처음 읽게 된 것도 그가 영주에서 시묘살이 할 때 정몽주가 보내준 서책을 통해서였고, 이후 《맹자》를 읽다가 어려운 대목이 나오면 정몽주를 찾아가 묻기도 했다.

비천한 출신인 정도전의 삶은 순탄치 않았다. 우왕 때에는 이인임 일파로부터 공격을 받아 회진현으로 유배를 갔고, 공양왕 때는 정몽주 쪽의 상소로 또다시 유배를 가야 했다. 하지만 정몽주와 마찬가지로 정도전 또한 시련을 겪을수록 더욱 강해졌다. 이성계의 추천으로 성균관 대사성에 임명된 뒤 그는 비로소 자신의 뜻을 펼칠 수 있는 기회를 얻게 되지만, 이보다 앞서 1384년(우왕 10)에 이성계를 찾아가 만난 적이 있다. 당시 이성계는 동북면도지휘사로 여진족의 침입을 막기 위해 함경도에 있었다. 이성계를 만나본 뒤 정도전은 그가 자신의 꿈을 실현해줄 사람이라 생각하고 이런 시를 지었다.

아득한 세월에 한 그루 솔이　　　　　　　蒼茫歲月一株松
몇만 겹 푸른 산속에 자라고 있네　　　　　生長靑山幾萬重

잘 있거라 다른 해에 서로 볼는지   好在他年相見否
인간이란 잠시 간에 묵은 자취인걸   人間俯仰便陳蹤

이성계를 푸른 소나무에 견주어 장차 새로운 시대를 열 인물로 비유한 것이다. 이후 정도전은 이성계를 도와 고려를 멸망시키고 새로운 나라를 세우는 쪽으로 뜻을 정한다. 애초에 정도전은 정몽주와 마찬가지로 고려의 개혁을 위해 노력했다. 그는 공민왕 대부터 공양왕 대에 이르기까지 여러 차례 상소를 올려 폐정을 지적했으나 번번이 거부당하자 결국 나라를 세워 자신의 뜻을 이루는 역성혁명의 길을 선택하게 된 것이다. 그는 태조의 〈즉위교서〉를 썼을 뿐 아니라 무장 출신의 태조에게 〈문덕곡〉을 지어 바치는가 하면, 경복궁을 창건하고 《조선경국전(朝鮮經國典)》을 편찬하는 등 거의 모든 분야에 걸쳐 왕조의 기틀을 다졌다. 태조의 〈즉위교서〉에는 정도전이 어떤 세상을 꿈꾸었는지 분명하게 드러나 있다.

홀아비, 과부, 고아, 의지할 곳 없는 노인[鰥寡孤獨]은 왕도정치를 베풀 때 가장 먼저 보살펴야 할 사람들이니, 마땅히 불쌍히 여겨 돌보아야 할 것이다. 해당 지역의 관청에서는 굶주리고 궁핍한 사람을 구휼하고 부역을 면제해주도록 하라.

여기서 말한 환과고독(鰥寡孤獨)을 비롯한 대부분이 《맹자》에 나오는 내용으로 특히 맹자가 왕도정치의 요체는 약자를 보살피는 데 있다고 한 주장을 그대로 따온 것이다. 맹자가 말한 약자는 이른바 '환과고독'의 네 부류로 홀아비, 과부, 고아, 의지할 곳 없는 노인을 가리킨다. '환(鰥)'은 본디 물고기의 일종을 가리키는데 홀아비는 근심과 걱정 때문에 밤에도 눈을 감고 편안히 잠들지 못하는 것이 마치 물고기와 같다는 뜻에서 쓴 말이다. 이 같은 내용을 보면 정도전이 〈즉위교서〉에서 맹자가 말한 왕도를 천명한 것이 분명하다. 이어서 그는 왕도정치를 제도적으로 뒷받침하기 위해서 《조선경국전》을 편찬했다. 그중 백성을 사랑하는 정치를 강조한 〈정보위(正寶位)〉에는 다음과 같은 대목이 보인다.

아래 백성들은 지극히 약하지만 힘으로 겁줄 수 없고, 지극히 어리석지만 속일 수 없다. 백성의 마음을 얻으면 백성이 승복하고, 얻지 못하면 백성이 떠난다. 떠나고 나아가는 사이에 조금의 차이도 용납할 수 없다. 그러나 그 마음을 얻는다는 것은 사사로운 뜻으로 구차히 할 수 있는 것이 아니며, 도리를 어기고 명예를 구한다고 해서 이룰 수 있는 것이 아니니 다만 인이라고 말할 뿐이다. 임금이 천지가 만물을 생성하는 마음을 자기 마음으로 삼아서, 남에게 차마 하지 못하는 정치를 베풀어 천하사방 국경 안에 있는 사람들로 하여금 모두 기뼈하면서 부모처럼 우러러보게 하면 안부존영(安富尊榮)의 즐거움을 길이 누려 위태롭거나 망하거나 뒤집히거나 실추되는 재앙이 없을 것이다. 그러니 인(仁)으로써 임금 자리를 지키는 것이 또한 마땅하지 않은가.

이처럼 정도전은 왕조가 교체되는 격동의 시기를 살면서 태조를 도와 조선을 개국하는 데 누구보다 중요한 역할을 했을 뿐 아니라 새 왕조의 비전을 제시하고 경복궁까지 직접 설계했다는 점에서 역사의 중심에 서 있었던 풍운아라 할 만하다. 그러나 세자 책봉 문제로 이방원과 대립하다가 결국 희생되는 비운을 맞이하고 만다. 태조에게는 왕비가 두 명 있었는데, 이방원은 신의왕후 한씨 소생이었고 세자 방석은 신덕왕후 강씨 소생이었다. 신의왕후 쪽 세력이 훨씬 강했지만 정도전은 태조의 뜻에 따라 세자 방석을 끝까지 지지하다 결국 1398년(태조 7)에 이방원이 일으킨 '왕자의 난'에 죽임을 당했다. 더욱이 그가 죽은 지 13년이 지난 1411년(태종 11)에는 태종이 그의 죄를 추정(追正)하여 서인으로 강등시키고 자손까지 금고(禁錮)하는 조치가 내려졌으니 죽은 뒤에까지 탄압이 이어진 셈이다. 정도전의 문집 《삼봉집(三峰集)》에는 그가 피살되기 직전에 지었다고 하는 절명시가 실려 있다.

조존, 성찰 두 공부에 힘을 기울여	操存省察兩加功
성현이 남긴 말씀 저버리지 않았건만	不負聖賢黃卷中
30년 동안 해온 고된 일이	三十年來勤苦業
송현 정자 술 한 잔에 끝내 허사로 되었구나	松亭一醉竟成空

　조존(操存)과 성찰(省察)은 성리학의 공부법으로 조존은 아직 마음이 움직이지 않았을 때 올바른 마음을 함양하는 것이고, 성찰은 이미 행동으로 옮긴 뒤에 자신의 행위가 옳았는지 반성하는 것이다. 결국 30년 동안 성리학 수양 공부를 게을리 하지 않았고 행실도 조심해왔는데 송현방 정자에서 술 마시다가 허무하게 삶을 마감하게 되었다는 뜻이다. 말구에 모든 일이 허사가 되었다고 읊었지만 그가 죽은 뒤 조선은 그가 바라던 대로 성리학의 나라가 되었으니 정도전의 꿈을 허사로 돌릴 수는 없을 것이다.

사마담, 사마천

과거를 기록함으로써
미래를 기약하다

울분을 품고 유언을 남기다

　　기원전 110년 한나라 무제는 10만 대군을 거느리고 만리
장성 밖으로 나가 흉노족이 다시는 남쪽으로 내려올 욕심을 내지 못
하도록 무력을 과시했다. 이어 동쪽으로 순행하여 태산과 양보산에
차례로 올라 금니(金泥)와 옥간(玉簡)을 진설하고 하늘과 땅에 올리는
봉선제를 지냈다. 이 제사는 바야흐로 천하의 주인이 한나라임을 알
리는 성대한 의식으로 천 년에 한 번 있을까 말까 한 역사적 사건이
었다. 하지만 기록을 담당한 태사령 사마담(司馬談, ?~기원전 110)은
이 중대한 역사의 현장에 참여하지 못하고 홀로 낙양에 남아 울분을
삼키고 있었다. 마침 멀리 서남 지역에 사신으로 갔던 사마천(司馬遷,
기원전 145?~86?)이 돌아오자 사마담은 아들의 손을 잡고 눈물을 흘
리며 이렇게 말했다.

우리 선조는 대대로 주나라 왕실의 태사였다. 일찍이 먼 옛날 우나라 하나라 시대부터 공명을 드러내 천관의 일을 맡았다. 후세에 와서 중도에 쇠락하더니 이제 나에게서 끊어지고 마는 것인가! 내가 죽고 나면 너는 반드시 태사가 되어 내가 하려고 했던 일을 이루어야 한다. (…) 공자는 옛날의 도를 되살리고 무너진 것을 일으켰으며 《시경》과 《서경》을 논하고 《춘추》를 지었는데 지금까지 학자들은 그것을 법도로 삼고 있다. 그 후 400여 년이 흐르는 동안 제후들은 다른 나라를 차지하는 데만 골몰하여 역사 기록은 끊어져버렸다. 지금 한나라가 일어나 천하가 통일되어 현명한 군주와 어진 임금, 충성스러운 신하와 의로운 선비가 나왔지만 나는 태사가 되어서 그것을 기록하지 못했다. 나는 이것이 매우 두렵다. 너는 이 점을 잊지 말라.

사마천은 머리를 숙이고 눈물을 흘리며 이렇게 대답했다.

소자가 불민하지만 아버님이 말씀하신 이야기를 모두 기록하여 감히 빠뜨리지 않겠습니다.

태사령 사마담은 평범한 관료가 아니었다. 그는 대대로 주나라의 태사를 지냈던 사마씨의 후손으로 스스로 자신의 선조가 까마득한 옛날부터 역사 기록을 담당해왔다고 자부한 만큼 역사 기록을 자신의 사명으로 여겼던 사관이다. 사마천의 기록에 따르면 그는 당도(唐都)에게 해와 달의 운행과 별자리에 관한 천관의 지식을 배우고 양하(楊何)로부터 음양의 변화를 예측하고 길흉을 판단하는 주역을 전수받았으며 황자(黃子)에게서는 청정무위(淸淨無爲)의 황로학을 배웠는데, 이는 모두 사관의 직책을 수행하기 위해 반드시 필요한 소양이었다.

세상을 바로잡기 위해
끊어진 역사를 잇다

사마담은 한 무제 건원 연간(기원전 140~기원전 135)에 장안으로 가서 태사령이 된 뒤 죽을 때까지 30여 년간 무제를 보필했다. 그는 무제가 사방을 순행하면서 제사를 지내거나 사당을 세울 때마다 사관의 직분으로 황제를 수행하면서 온 천하를 두루 돌아다녔다. 사마담은 사관으로 일하면서 고대부터 전해 내려오던 전적과 옛이야기들을 태사공부(太史公府)에 모으기 시작했는데, 이는 통사(通史)를 기록하겠다는 이상을 실현하기 위해서였다. 당시까지 한 지역이나 한 시대의 역사 기록은 있었지만 모든 지역 모든 시대를 아우르는 통사는 없었다. 그 때문에 사마담이 통사의 저술을 자신의 사명으로 여겼던 것은 사관으로서 당연한 포부였을 터이다. 하지만 어떤 이유에서인지 가장 중요한 국가 행사인 봉선제에 참여하지 못하게 되자 울분을 이기지 못하고 화병으로 죽고 말았다. 결국 그가 이루고자 했던 통사 저술이라는 위대한 이상은 그의 아들 사마천에게 운명처럼 지워지게 된다.

사마담은 스스로 꿈을 이루지 못할 것을 예견이라도 한 듯 아들을 어린 시절부터 역사가로 키웠다. 사마천이 태어났을 때까지만 해도 사마담은 벼슬에 나아가지 않고 용문산 남쪽에서 농사를 짓고 가축을 기르면서 생활했다. 사마천 또한 그곳에서 소를 키우고 농사를 지으며 어린 시절을 보냈지만 그런 가운데서도 사관이 되기 위한 소양을 부지런히 쌓았다. 스스로 기록한 것처럼 그는 열 살에 이미 고문을 익혀 암송하는가 하면 스무 살에는 남쪽 강회(江淮) 지역을 시작으로 회계산에 올라 우임금의 묘소를 찾고 구의산을 살핀 뒤 원수(沅水)와 상수(湘水)를 건너 북쪽으로 제나라 노나라 지역을 유람하고 공자의 유풍을 살펴보는 등 천하를 유력하기에 이르렀다. 또 스무 살 이전부터 동중서(董仲舒)에게서 《공양춘추》를 배우고 공안국(孔安國)으로부터 《고문상서》를 배웠는데 이는 모두 그를 역사가로 키우기 위한 아버지 사마담의 안배에 따른 것이다. 평소 사마담은 사마천에게 이렇게 말하곤 했다.

주공이 죽은 지 500년이 흘러 공자가 나타났고 공자가 세상을 떠난 뒤 지금까지 500년이 흘렀다. 이제 누가 밝은 세상을 이어 역전을 바로 세우고 《춘추》를 계승하여 시서예악의 근본을 밝힐 수 있겠는가?

사마담은 자신의 책임을 《춘추》를 계승하는 데 있다고 이야기한 것이다. 훗날 사마천은 《춘추》의 뜻을 '어지러운 세상을 다스려 올바른 데로 되돌리는 것(撥亂世反之正)'이라고 풀이하며 아버지의 뜻을 이어 역사를 기술하는 것이 자신에게 주어진 사명이라고 이야기했다.

˙궁형의 치욕을 딛고 역사를 기술하다

아버지가 세상을 떠나고 2년이 지난 뒤(기원전 108년)에 사마천은 태사령이 되었고 그해부터 석실과 금궤의 도서를 열람하며 자료를 수집하다가 5년 후에 《사기》의 집필에 착수했다. 하지만 집필 과정은 순탄치 않았다. 뜻밖의 재앙은 기원전 99년에 한나라의 장수 이릉이 흉노에 항복하면서 일어났다.

당시 이릉은 흉노 지역 깊숙이 쳐들어가 연전연승을 하다가 급기야 흉노의 8만 대군과 맞닥뜨려 중과부적으로 항복하게 되었다. 그 소식이 전해지자 어제까지 이릉의 승전에 환호하던 조정의 신하들은 이릉의 일족을 처벌하고 가산을 몰수해야 한다며 비난하고 나섰다. 이때 사마천은 홀로 이릉의 용기를 천하에 알려야 한다고 주장했다. 뜻밖의 의견에 진노한 무제는 사마천을 옥에 가두었고 마침내 사형을 선고하기에 이르렀다. 당시 사형을 받은 죄수가 목숨을 구하는 방법은 두 가지였다. 하나는 50만 전의 속죄금을 내는 것이었고, 다른 하나는 생식기를 잘리는 궁형을 받는 것이었다. 속죄금을 낼 돈이 없었던 사마천은 결국 살기 위해 치욕적인 궁형을 감수해야 했다. 기원전 97년, 그의 나이 48세였다. 누군가는 치욕을 씻기 위해 죽음을 선택할 때, 사마천은 죽지 않기 위해 치욕적인 삶을 선택한 것이다. 사마천은 그때의 심경을 임안에게 보낸 편지에 이렇게 쓰고 있다.

세상 사람들은 나를, 커다란 수치를 당하고도 죽지 못한 졸장부라고 비웃는다. 그렇지만 내가 이런 치욕을 당하고도 살아남은 것은 마음속에 맹세한 것을 완성하지 못함이 원통해서이고, 이대로 죽어버리면 내 문장이 후세에 전해지지 못하게 될 것을 애석하게 여기기 때문이다.

여기서 사마천이 맹세한 것이란 '통사를 저술하라'는 아버지 사마담의 유언을 실행하는 일임은 말할 것도 없다. 그는 수치심을 누르고 아버지와의 약속을 지키기로 했다. 궁형을 받고 6년이 흐른 뒤인 기원전 91년에 사마천은 마침내 《사기》를 완성했다.

《사기》를 살펴보면 먼저 그 방대한 정보량에 압도당하게 된다. 12권의 〈본기〉와 10권의 〈연표〉, 8권의 〈서〉, 30권의 〈세가〉, 70권의 〈열전〉으로 구성된 《사기》는 총 130권 52만 6천여 자의 기록으로 오제 시대부터 사마천이 살았던 한나라 무제에 이르는 2600년이라는 장구한 세월의 역사가 기록되어 있다. 〈본기〉에서는 문명의 중심이며 권력의 정점에 있었던 천자나 황제를 시대별로 서술하고, 〈연표〉에서는 지배자의 교체를 표로 나타냈으며, 〈서〉에서는 제도와 조직 등을 분야별로 나누어 기록하고, 〈세가〉에서는 제후 또는 그에 버금가는 인물에 대해 쓰고, 〈열전〉에서는 개별 인물과 한나라 주변 지역까지 널리 포함하여 상세히 기록하고 있다.

사마천은 《사기》를 편찬하면서 단순히 역사적 사실이나 개별 인물의 전기를 서술하는 데 그치지 않고, 자신의 역사적 관점을 분명하게 밝히면서 사건이나 인물에 대한 평가를 덧붙이고 있다. 예를 들어 〈백이숙제열전〉에서는 "말세에는 누구든지 이해를 다투었지만, 백이와 숙제만은 한결같이 의를 숭상하여 나라를 양보하고 굶어 죽으니 천하 사람들이 그를 칭송하였다. 그래서 〈백이숙제열전〉을 지었다"라고 했으며 〈관안열전〉에서는 "제나라 환공은 관이오(관중)

의 보좌로 패자가 되었고, 제나라 경공은 안영(안자)의 도움으로 나라를 잘 다스릴 수 있었다. 그래서 〈관안열전〉을 지었다"라는 식으로 인물 선정 동기를 밝히고 구체적인 평가를 덧붙이고 있다. 따라서 역사 평론 또한 사마천의 《사기》에서 비롯되었다고 해도 과언이 아니다.

˙역사의 주체는 개개의 인간이다

사마천은 《사기》에서 역사를 움직이는 주체를 개개의 인간으로 파악하고, 그것을 극명하게 부각시켰다. 가장 많은 분량이 할애된 〈열전〉에는 사상가와 웅변가·위인·호걸을 비롯하여 문인이 있는가 하면 장군과 병법가가 있고, 유학자가 있는가 하면 자객이나 협객이 있고, 절의를 숭상했던 애국지사가 있는가 하면 간신이나 돈을 벌어 치부한 부자가 있다.

사마천은 지배자뿐만 아니라 하층민도 약동하며 역사에 참여하는 주체라고 파악했다. 역사는 군주나 뛰어난 장수 혹은 권력자 같은 주역만으로 형성하는 것이 아니라, 막후의 조연이나 힘없고 천한 자가 같이 어울려 형성하는 것이라고 본 것이다. 사마천은 노예와 다름없는 신분임에도 불구하고 진나라를 무너뜨렸던 진섭의 입을 빌려 "왕과 제후, 장군과 재상의 씨가 어찌 따로 있겠는가!"라고 이야기한다. 애초에 운명적으로 결정된 역사의 주역은 없다고 본 것이다.

《사기》에서는 주연급 인물이라 하더라도 사마천의 냉정한 평가를 피해가지 못한다. 이를테면 한나라의 대장군으로 항우에 대항하여 싸웠던 한신의 입을 빌려 항우를 이렇게 평가하고 있다.

항우는 용기도 있고 어진 마음씨도 지니고 있다. 항우가 한번 꾸짖으면 수많은 사람이 벌벌 떤다. 그러나 뛰어난 장수를 등용하여 그를 믿고 군사를 맡기지 못하니 그의 용기는 필부의 용기에 지나지 않는다. 그가 사람을 대하는 태도는 공손할 뿐만 아니라 인정이 많고 말씨도 부드럽다. 사람이 병에 걸렸을 때는 흐느껴 울면서 자기가 먹을 음식을 나누어주기까지 한다. 그렇지만 그 사람이 공을 세워 마땅히 벼슬을 주어야 할 때면, 그것이 아까워 직인의 모서리가 닳아 없어질 때까지 손에 쥐고서 차마 내주지 못하니 그의 사랑은 아녀자의 사랑에 지나지 않는다.

항우 같은 영웅도 사마천의 신랄한 평가를 피해가지 못한 것이다. 그런데 사마천은 자신의 처지 때문이었는지 능력과 인품이 뛰어나지만 불우한 삶을 살았던 인물들에게 유별난 애착을 보이고 그들의 삶을 자세하게 기록했다. 이를테면 뛰어난 인품을 지닌 백이와 숙제는 수양산에서 굶어 죽었고, 한비는 유세(遊說)의 어려움을 누구보다 잘 알고 있었음에도 정작 그 자신은 화를 피하지 못하고 끝내 진나라에서 죽고 만 것을 안타까워했다. 그렇다고 해서 사마천이 그들의 불운을 슬퍼하기만 했던 것은 아니다. 사마천은 그들의 삶을 기록해 이름이 드러나게 한 것이야말로 최고의 영예라고 생각했기 때문이다. 사마천은 〈백이숙제열전〉의 마지막 부분에서 다음과 같이 적고 있다.

같은 종류의 빛이 서로를 비추어주고 같은 무리가 서로 어울리는 것은 마치 구름이 용을 따르고 바람이 범을 따르는 것과 같다. 이 때문에 성인이 나타나면 만물이 모두 제 모습을 드러낸다. 백이와 숙제는 현인이었지만 공자의 붓을 통해서 비로소 그 이름이 밝게 드러났고, 안연도 학문에 충실했지만 공자의 기미(천리마의 꼬리)에 붙음으로써 그 품행이 더욱 돋보이게 되었던 것이다. 허유나 무광 같은 사람은 뛰어난 인품을 지니고 있었는데도 이름이 드러나지 않았으니 이는 슬픈 일이다. 촌구석에 사는 사람이 제아무리 품행을 닦아서 뛰어난 능력을 가졌다 하더라도 자신을 알아줄 명사를 만나지 못한다면, 어떻게 이름을 후세에 전할 수 있겠는가!

이처럼 사마천은 역사상 수많은 인물이 활동했지만 후세에 그들을 알아주는 명사가 있었기에 그 이름이 전해지게 되었다고 보았다. 백이와 숙제는 훌륭한 인물이었지만 그들이 공자를 통해서 알려지지 않았다면, 그들의 아름다운 행실은 제대로 평가받지 못하고 묻히고 말았을 것이다. 이는 마치 파리가 천리마에 붙지 않으면 천 리를 날아갈 수 없는 것과 같다. 그렇다면 그들의 기록을 남긴 사마천은 스스로 천리마가 된 인물이라 할 것이다.

˙역사는 승자의 기록이 아니다

역사는 승자의 기록이 아니다. 적어도 《사기》의 경우에는 그렇다. 사마천이 기록한 중국 최초의 통사 《사기》는 승자의 기록이기는커녕 오히려 실패한 자들에게 바치는 헌사에 가깝다. 가령 사마천이 치욕적인 궁형을 당하는 비극이 없었더라면 《사기》는 흔한 역사서와 다를 것 없는 평범한 기록물로 남았을지도 모른다. 그가 목숨을 걸고 옹호했던 한나라의 장수 이릉은 패장이었을 뿐 아니라 황제의 군대를 이끌고 흉노에 항복한 배신자였다. 예나 지금이나 패자의 용기는 드러나기 어렵고, 믿음을 저버린 행위는 비난받기 마련이다. 하지만 사마천은 그런 패자이자 배신자인 이릉의 용기를 세상에 드러내 한나라가 그를 버리지 않았음을 천하에 알리려고 했다. 그래서일까. 《사기》는 다른 역사서들과는 서술의 순서부터 판이하다.

《사기》의 절반을 넘는 열전의 구성에서 그는 〈백이숙제열전〉을 처음에 두었고 〈화식열전〉을 마지막에 배치했다. 굶어 죽은 자가 맨 앞에 서고 돈을 벌어 치부한 자가 맨 뒤에 물러나 있는 것이다. 또 진왕을 죽이려다 실패한 자객 형가에 대한 평가는 결코 승자였던 황제 유방의 아래에 있지 않으며, 옥에 갇혀 억울한 죽음을 당한 한비가 당대의 영웅들과 이름을 나란히 하고 있다. 그러니 《사기》를 두고 말하자면 역사는 승자의 기록이 아니다. 무엇보다 사마천 스스로가 생식기를 잘리는 치욕적인 부형(腐刑)을 받고 구차한 삶을 살았던 시대의 패배자가 아니던가. 그런 점에서 《사기》는 승리를 구가하는 기록이 아니라 패자가 감내해야 했던 치욕과 발분의 소산물이라 할 것이다.

그는 이렇게 말한다.

사람은 누구나 한번 죽기 마련이지만 어떤 죽음은 태산보다 무겁고 어떤 죽음은 새털보다 가볍다. 형틀에 묶인 채 회초리를 맞거나 몸뚱이가 훼손되고 팔다리가 잘리는 것은 치욕스러운 일이다. 그러나 생식기를 잘리는 부형을 당하는 일이야말로 치욕의 극이다. 내가 이런 치욕을 참고 구차히 살면서 더러운 삶을 마다하지 않은 까닭은 아직 다 하지 못한 말이 마음에 남아 있는 것이 한스럽고 세상에서 사라진 뒤에 문장의 찬란함으로 후세에 드러나지 못하는 것을 부끄럽게 여기기 때문이다.

사마천은 자신의 삶을 백 세대가 지나도 씻을 수 없는 치욕이라고 생각했다. 그 때문에 그는 하루에 내장이 아홉 번이나 뒤틀리는 고통을 맛보고 늘 등줄기에 식은땀을 흘렸다. 그런 그가 치욕을 감수하면서 끝내 남기고자 한 말이 《사기》로 남았고 그 문장은 찬란하기 비길 데 없다.

역사를 뜻하는 '史'자는 中자와 乂자가 합쳐진 글자로 화살을 쏘아 몇 번 맞혔는지를 기록한 점수판[中]을 사람이 손[乂]으로 들고 있는 모습을 본뜬 것이다. 화살을 쏘는 것이 과거에 살았던 어떤 사람의 행위를 뜻한다면 점수판은 그에 대한 기록, 곧 평가를 의미한다. 그러니 역사는 한갓 과거의 기록이 아니다. 평가하는 사람은 아직 오지 않은 미래에 있기 때문이다. 그 때문에 사마천은 이렇게 말한다.

옛날 서백은 갇혀 있으면서도 《주역》을 풀이했고[演], 공자는 곤경에 빠졌으면서도 《춘추》를 지었으며[作], 굴원은 쫓겨났으면서도 〈이소〉를 노래했고[著], 좌구명은 눈이 멀었지만 《국어》를 남겼다[有]. 손빈은 발이 잘렸으면서도 병법을 논했고[論], 여불위는 촉으로 쫓겨났으면서도 세상에 《여씨춘추》를 전했으며[傳] 한비는 진나라에 갇혔지만

〈세난〉과 〈고분〉을 저술했다.[*] 이들은 모두 마음에 맺힌 것이 있었지만 그것을 말할 수 있는 길을 얻지 못했다. 그래서 지나간 일을 기록하여 미래를 기약한 것이다.

오직 현재의 권력에 모든 걸 바치는 자가 다수인 이 시대에 아직 오지 않은 미래를 기약하는 자 누구인가.

---

[*] 사마천은 글을 썼다는 뜻으로 演, 作, 著, 有, 論, 傳 등의 표현을 사용했지만 한비의 경우에는 글자를 쓰지 않았다. 글자가 없어도 뜻이 이어지기 때문이다.

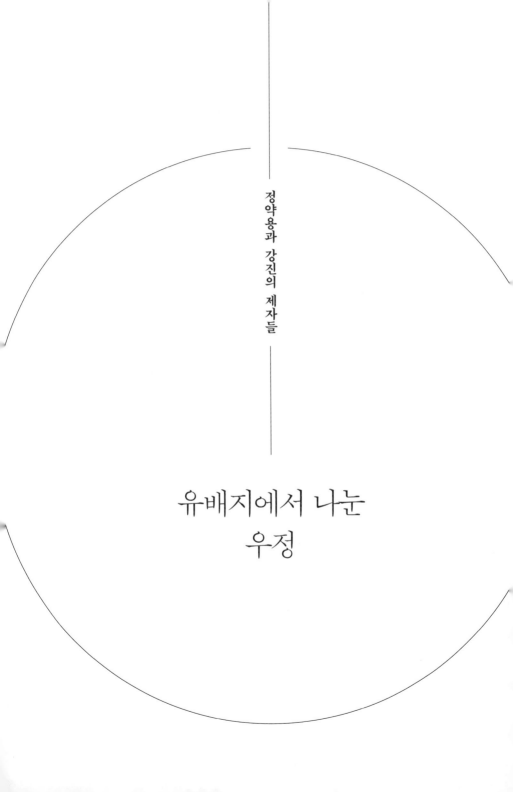

정약용과 강진의 제자들

유배지에서 나눈
우정

열수를 굽어보며 강진의 제자를 생각하다

1823년 4월, 바야흐로 초여름의 문턱이다. 정약용은 열수 (한강)의 물소리를 들으며 강진의 바닷가를 생각했다. 유배에서 풀려난 지 5년이 흘렀지만 여전히 그곳이 그립다. 그곳에 있는 제자들이 그리운 것이다. 제자들은 해마다 봄이 오면 귤동마을에서 나는 햇차를 정성스레 따서 스승에게 보내오곤 했다. 올해에는 두 제자가 이곳 마현까지 찾아왔다. 정약용은 두 제자와 함께 강가를 거닐며 물었다.

"올해 동암의 이엉은 이었느냐?"

"이었습니다."

"복숭아나무는 말라 죽지 않았느냐?"

"곱게 자랐습니다."

"우물가의 돌은 무너지지 않았느냐?"

"무너지지 않았습니다."

"연못의 잉어 두 마리는 얼마나 컸느냐?"

"두 자쯤 자랐습니다."

"백련사 가는 길의 동백꽃은 우거졌느냐?"

"그렇습니다."

"올 적에 이른 차는 따서 말려두었느냐?"

"미처 못했습니다."

"다신계(茶信契)의 돈과 곡식은 축나지 않았고?"

"그렇습니다."

두 제자는 윤종삼과 윤종진이었다. 그들은 스승이 강진에 한번 다녀가시면 좋겠다고 청했다. 하지만 정약용은 이제 다시 강진으로 갈 수 없다. 길이 멀어서가 아니다. 부끄러움 때문이다. 그는 두 사람을 떠나보내면서 이런 내용의 편지를 건네주었다.

옛사람이 이르길 죽은 자가 다시 살아난대도 부끄러운 마음이 없어야 한다고 했다. 내가 다시 다산에 갈 수 없는 것 또한 죽은 이가 다시 살아날 수 없는 이치와 같다. 혹 다시 간다 해도 모름지기 부끄러운 기색이 없어야 할 것이다.

여기서 그가 예로 든 옛사람의 말은 중국 삼국시대의 조조(曹操)와 그의 모사 괴월(蒯越) 사이의 이야기다. 괴월이 세상을 떠나면서 가족을 부탁하자 조조는 그가 다시 살아난대도 부끄러움이 없을 것이니 안심하라고 당부한 말이다. 그렇다면 정약용의 이 말 또한 자신의 부끄러움만이 아니라 제자들에게 그간의 학문에 비추어 부끄러움 없는 삶을 살아야 한다는 당부일 것이다. 제자들을 떠나보낸 뒤 정약용은 지금까지의 삶을 돌아보았다. 벌써 스물두 해 전의 일이다. 그가 처음 경상도 장기에 유배되기 한 달 전, 스승 권철신은 천주교를 신봉했다는 이유로 매를 맞아 목숨을 잃었고, 바로 위의 형 정약종은 참수형을 당했으며 둘째 형 정약전 또한 신지도에 유배되었다.

˙유배지에서 나를 생각하다

장기에 유배되었을 때 그는 혼자였다. 외로움을 견디기 위해 모든 것을 잊고 저술에 몰두했지만 그런다고 자책감마저 떨치지는 못했다. 그곳에서 그는 고향을 지키고 있는 맏형 정약현을 생각하면서 자신의 삶을 돌아보았다. 정약현은 자신의 거처에 수오재(守

吾齋)라는 이름을 붙였다. '나를 지키는 집'이라는 뜻이다. 처음에 그는 천하에 나만큼 나에게 절실하게 붙어 있는 것이 없는데 형이 왜 그것을 지키겠다고 다짐하는지 이해하지 못했다. 하지만 장기에 내려와 홀로 지내면서 비로소 자신의 생각이 잘못되었다는 것을 깨달았다.

천하의 만물은 지킬 필요가 없지만 오직 나만은 마땅히 지켜야 하는 것이다. 내 밭은 지고 도망갈 자도 없고 내 집을 이고 달아날 자도 없으며, 뿌리가 땅에 깊이 박혀 있는 꽃과 나무를 뽑아갈 자도 없다. 내 책 또한 마찬가지다. 성현의 경전이 물과 불처럼 세상에 널리 퍼져 있는데 누가 그것을 없앨 수 있겠는가. 도둑이 비록 한두 개를 훔쳐 가더라도, 천하의 모든 물건을 다 가져갈 수는 없다. 그러니 천하의 만물은 모두 지킬 필요가 없는 것들이다. 하지만 나라는 것은 그 성품이 달아나기를 잘하여 드나듦에 일정한 때가 없다. 나와 아주 가까이 붙어 있어서 서로 등 돌리지 못할 것 같지만 잠시라도 살피지 않으면 어느 곳이든 달아나지 않는 곳이 없다. 이익과 벼슬로 유인하면 가버리고, 위엄과 재앙이 겁을 주면 가버리며, 아름다운 음악이 들리면 가버리고, 요염한 여인의 모습을 보아도 가버린다. 그런데 한번 가면 돌아올 줄 모르니 붙잡을 수도 없다. 그러므로 천하에서 잃어버리기 쉬운 것으로 치면 나만 한 것이 없다. 어찌 실과 끈으로 잡아매고 빗장과 걸쇠로 잠가서 굳게 지키지 않겠는가.

돌이켜보니 그는 젊은 시절부터 나를 잃어버린 자였다. 과거 급제의 명예에 빠져 10년이나 나를 잃어버렸고, 급제하여 조정에 나간 뒤에는 나랏일에 나를 빼앗겨 대낮에도 미친 듯 뛰어다니기를 12년이나 했다. 임금이 붕어한 뒤 유배에 처해져 한강을 건너고 조령을 넘어 친척과 조상의 무덤을 버리고 이곳 장기의 바닷가로 달려와 멈추게 되어서야 비로소 자신에게 물었다.

그대는 무엇 때문에 여기에 왔는가? 여우나 도깨비에 끌려왔는가?
아니면 바다의 신이 불러서 왔는가? 그대의 집과 고향은 초천(苕川)
에 있는데 어찌 고향으로 돌아가지 않는가?

이후 정약용은 잃어버린 나를 찾기 위해 유배지에서 끊임없이 책을 읽고 글을 쓰기 시작한다. 그가 장기에 200여 일 동안 머물면서 저술한 책으로는 자학서(字學書)에 해당하는 《삼창고훈(三倉詁訓)》과 《이아술(爾雅述)》, 나라의 예법을 기록한 《기해방례변(己亥邦禮辨)》, 의서인 《촌병혹치(村病或治)》가 있고, 130여 수의 시도 지었다.

유일한 지기(知己)
정약전의 죽음을 슬퍼하다

　　장기에 머물던 정약용은 황사영 백서사건이 일어나면서 서울로 압송되어 문초를 받게 되었는데 그때 형 약전 또한 신지도에서 불려와 문초를 받고 있었다. 추가된 혐의가 없어 큰 화는 면했지만 두 사람은 각기 더 험한 곳인 강진과 흑산도로 유배지가 바뀌어 함께 귀양길에 올랐다. 유배지로 가는 길이 험하고 힘들었지만 정약용은 형 약전과 잠시나마 함께하는 시간이 느껍기만 했다. 그러다 갈림길인 나주의 율정점에 이르렀을 때 정약용은 시를 지어 이별의 아픔을 이렇게 노래했다.

살아생전 미운 것이 율정점 문 앞 두 갈래 길이라네

生憎栗亭店 門前岐路叉

본래 한 뿌리에서 자랐거늘 낙화처럼 분분히 흩날리니

本是同根生 分飛似洛花

천지를 넓게 볼 양이면 한 집안 아님이 없건만

曠然覽天地 未嘗非一家

좀스레 내 몸만 돌아보니 한없는 슬픔뿐이라

促促視形軀 惻怛常無涯

이렇게 헤어진 형제는 끝내 다시 만나지 못했다. 정약용은 유배에서 풀려나기 2년 전 우이도에 머물던 형이 세상을 떠났다는 소식을 듣고 통곡했다. 형 정약전은 어린 시절부터 유독 가까운 사이였다. 권철신을 따라 천주학을 배울 때도 그와 함께했고 각기 다른 유배지에 있으면서도 늘 편지를 주고받으며 서로를 위로하고 격려했다. 정약용은 책을 읽다가 의심스러운 점이 있거나 새로 글을 쓰면 언제나 형에게 먼저 보내 자문을 구했고 형의 조언에 따라 자신의 글을 고치기도 했다. 그에게 형 약전은 스승이자 벗과 같은 존재였던 셈이다. 그런 형이 죽자 정약용은 두 아들에게 편지를 보내 그 때의 슬픔을 이렇게 표현했다.

외로운 천지 사이에 우리 손암 선생(정약전)만이 나를 알아주었다. 그 형을 잃었으니 이제 얻은 것이 있다 하더라도 누구에게 입을 열어 말할 것인가. 알아주는 이가 없다면 차라리 죽느니만 못하다. 아내도 나를 알아주지 아니하고 자식도 나를 알아주지 아니하며, 형제와 종족들이 모두 나를 알아주지 못하는데 나를 알아주던 우리 형이 돌아가셨으니, 어찌 슬프지 않은가.

강진에서 만난 제자 황상

　장기에 유배되었을 때와 마찬가지로 강진에서도 정약용은 혼자였다. 처음 그곳에 당도했을 때 누구도 반겨주는 이가 없었다. 역적으로 몰려 폐족이 된 데다 천주쟁이로 낙인찍힌 그를 누가 달가워하겠는가. 결국 주막집에 여러 해를 눌러앉아 지낼 수밖에 없었다. 그동안 그가 할 수 있는 일이라곤 책을 읽고 글을 쓰는 일뿐이었다. 훗날 두 아들에게 보낸 편지에서 그는 스스로를 폐족으로 일컬으며 그때의 심경을 이야기하고 있다.

> 청족(淸族)인 경우에는 글공부를 하지 않아도 혼인도 제대로 하고 군역도 면할 수 있으나 폐족이 되어 글공부를 하지 않으면 어떻게 되겠는가. 폐족의 처지에 올바르게 처신하려면 어떻게 해야 하는가. 오직 독서하는 일 한 가지뿐이다. 독서야말로 인간사에서 가장 깨끗한 일이다. 만일 너희들이 글을 읽지 않는다면 내 글이 쓸모없게 될 것이고, 내 글이 쓸모없게 되면 나는 할 일이 없어 눈을 감고 마음을 쓰지 않아 흙으로 만들어놓은 우상(偶像)이 되고 말 것이니, 그리되면 나는 열흘이 안 되어 병이 날 것이고, 병이 나면 고칠 수 있는 약이 없을 것이다. 그렇다면 너희들이 글을 읽는 것은 나의 목숨을 살리는 일이 아니겠느냐.

하지만 외로움은 오래가지 않았다. 5년간 주막에 머무는 동안 강진의 수많은 젊은이가 그를 찾아와 제자가 되기를 청했기 때문이다. 이유회, 이강회, 이기록, 정수칠, 윤종문, 윤종영, 윤종기, 윤종벽, 윤종삼, 윤종진, 윤종심, 윤종두, 윤자동, 윤아동, 이택규, 이덕운 등이 그들이다. 여기에 정약용의 두 아들 정학연과 정학유를 더하여 이른바 강진의 18제자라 일컫는다. 이들 외에도 황상, 황지초, 이청, 김종, 손병조, 김재정, 이시헌, 윤창모 등도 정약용이 강진에 머무는 동안 강학에 참여했던 제자들이다. 이중 이청과 김종은 《악서고존(樂書孤存)》,《만덕사지(萬德寺志)》,《사대고례(事大考例)》를 비롯한 여러 저술의 편찬을 도왔으며 정약전의 《자산어보(玆山魚譜)》를 완성하기도 했다. 이청은 정약용이 해배되어 돌아갈 때도 서울까지 따라가서 스승의 일을 돕기도 했다.

하지만 이들 중에서 정약용이 누구보다 사랑했던 제자는 황상이었다. 황상(黃裳)은 아명이 산석(山石)이고 호는 치원(巵園)이다. 두 사람의 만남은 정약용이 강진에 유배된 이듬해인 1802년 2월에 당시 열다섯 살이던 황상이 그가 머물고 있던 주막으로 찾아오면서 시작되었다. 황상의 성품을 단박에 알아본 정약용은 황상이 양반이 아니어서 과거를 볼 수 없다는 것을 알고 시를 짓도록 권면하며 다음과 같은 글을 써서 그에게 주었다.

내가 산석(황상)에게 문사(文史)를 닦도록 권하니 그는 머뭇거리며 부끄러운 표정으로 이렇게 말했다. "저에게는 세 가지 병통이 있습니다. 첫째 둔하고, 둘째 막혀 있고, 셋째 미욱합니다." 나는 이렇게 대답해주었다. "공부하는 자에게는 세 가지 큰 병통이 있는데 너에게는 하나도 없구나. 첫째는 기억력이 뛰어난 것으로 이는 공부를 소홀히 하는 폐단을 낳고, 둘째는 글 짓는 재주가 좋은 것으로 이는 쓸데없이 화려한 곳으로 흐르는 폐단을 낳으며, 셋째는 이해력이 빠른 것으로 이는 거친 곳으로 흐르는 폐단을 낳는다. 무릇 둔하지만 집요하게 뚫어내는 사람은 그 구멍이 넓어질 것이고, 막혔지만 잘 소통하는 사람은 흐름이 거세질 것이며, 미욱하지만 잘 갈고닦는 사람은 빛이 날 것이다. 뚫어내는 방법은 무엇인가. 근면함이다. 소통하는 방법은 무엇인가. 근면함이다. 닦는 방법은 무엇인가. 근면함이다. 근면함을 어떻게 유지하는가. 마음을 확고하게 다잡는 데 있다."

이 글이 이른바 삼근계(三勤戒)다. 황상은 스승이 준 글을 평생 간직하면서 삶의 지침으로 삼았고, 정약용 또한 그를 자식처럼 사랑했다. 황상은 공부를 시작한 지 1년 남짓 지난 뒤에 〈설부(雪賦)〉라는 시를 지어 정약용을 놀라게 했을 뿐 아니라 정약전 또한 시를 읽고 크게 감탄했다고 한다. 이후 황상은 스승이 시의 모범으로 선정했던 두보, 한유, 소식, 육유의 시를 50년간 전심으로 읽었고 마침내 다산

시의 계승자로 인정받기에 이른다.

일찍이 추사 김정희는 그를 알기 전 그의 시를 읽고 필경 정약용의 제자가 지은 것이 틀림없다고 이야기한 적이 있다고 한다. 또 김정희의 동생 김명희(金命喜)는 황상의 시문집 《치원유고(巵園遺稿)》의 서문에서 "멀리서 구해보면 두보와 같고 한유와 같고 소동파와 육유와 같지만, 가까이에서 구하면 다산과도 같다"라고 높이 평가했다.

황상은 또 여느 제자들과는 달리 과거나 입신출세에 뜻을 두지 않고 오직 시를 짓는 데 전념하여 스승으로부터 내 제자 중 시는 오직 황상이 있을 뿐이라는 말을 들었다. 그는 1836년 2월 스승이 세상을 떠난 뒤에도 스승의 후손들과 변함없이 돈독한 관계를 유지했다. 정약용의 맏아들 정학연이 황상에게 앞으로 두 집안이 대대로 우의를 이어갈 수 있도록 정황계(丁黃契)를 만들자고 제안하여 증서를 작성한 일은 유명하다.

이들 제자 외에도 정약용은 강진에 머물면서 백련사의 혜장선사(惠藏禪師)와 사제 간의 연을 맺었다. 혜장은 그에게 주역을 배웠고, 정약용은 혜장에게 다도를 배웠다. 정약용은 매년 봄이 되면 혜장이 머물던 백련사로 나들이하면서 동백꽃에 마음을 빼앗기곤 했다. 그때 혜장과 함께 노닐며 지은 시가 전해 온다.

비 온 뒤라 약초 싹 더욱 깨끗하고　　　　　　　　　藥苗經雨淨

느릅나무 꼬투리는 봄빛이 짙네 　　　　　榆莢受春深

때맞은 물건을 보니 나그네 눈이 놀라 　　旅食驚時物

절간 찾아 외로운 마음 달래보네 　　　　禪樓散客心

아는 이의 시구가 걸려 있어 　　　　　　一公詩句在

난간에 기대 길게 읊조린다네 　　　　　凭檻有遙吟

　오늘날 강진 귤동마을에서 다산초당으로 가는 길 중간쯤 지나면 비탈길 오른편에 마치 스승의 초당을 지키기라도 하듯 윤종진의 묘소가 자리하고 있다. 제자들 중 가장 나이가 어렸던 그가 지금껏 스승의 당부를 지키고 있는 것이다.

조식과 정인홍

하늘이 울어도
울지 않는다

˙저 천 석들이 종을 보라

경상남도 산청군 시천면, 지리산에서 발원한 덕천강이 굽이진 모래톱에는 남명(南冥) 조식(曺植, 1501~1572)이 강학했던 산천재(山天齋)가 자리하고 있다. 이곳은 일찌감치 과거를 포기한 그가 자신을 수양하고 후학을 양성하기에 적당한 곳을 찾아 몇 년 동안 지리산 일대를 돌아다닌 끝에 정착한 곳이다. 《남명집》에 따르면 그는 일찍이 자신이 세웠던 정자의 기둥에 다음과 같은 시를 써 붙였다고 한다.

저 천 석들이 종을 보라   請看千石鐘

크게 두드리지 아니하면 소리가 나지 않으니   非大扣無聲

고요히 있는 모습 두류산 같아   爭似頭流山

하늘이 울어도 오히려 울지 않는다　　　　　　天鳴猶不鳴

　첫 구의 '천 석들이 종'은 세상을 울리는 큰 종을 말한다. 종의 크기는 덕의 크기, 정신의 크기를 나타낸 것으로 당연히 종이 클수록 소리도 크고 울림도 오래 지속된다. 하지만 이렇게 큰 종은 울리기가 쉽지 않다. 둘째 구에 표현한 것처럼 크게 두드리지 않으면 소리가 나지 않기 때문이다. 셋째 구에 나오는 두류산은 남명이 산천재에서 날마다 바라보았을 지리산의 다른 이름이다. 산은 두말할 것도 없이 큰 덕을 상징한다. 《논어》에서 "어진 사람은 산을 좋아한다(仁者樂山)"라고 이야기한 것도 어진 사람이 자신의 덕을 떠나지 않는 것처럼 산은 다른 데로 옮겨가지 않기 때문이다. '고요히 머물러 있다'는 뜻인 쟁(爭)자는 '손톱 조(爪)'자와 손으로 막대를 쥐고 있는 모양인 '다스릴 윤(尹)'자가 위아래로 배치된 모양이다. 그러니 위아래에 있는 두 개의 손이 막대를 당기는 모양, 팽팽하게 대치한 모양이다. 겉으로는 가만히 있는 것 같지만 사실 태산 같은 힘으로 버티고 있는 상태를 말한다. 마지막 구에서는 "하늘이 울어도 오히려 울지 않는다"라고 했는데, 당시 조선 사회에서 하늘이라고 하면 임금을 말한다. 그러니 임금이 울어도 울지 않는다는 뜻이다.
　이 시를 지은 조식은 조정에서 여러 차례 벼슬을 내렸지만 나아가지 않다가 쉰다섯 살이 되던 해에 나라에서 단성현감을 제수하자 이런 내용의 상소문을 올렸다.

전하의 국사는 그릇되어 나라의 근본이 이미 망하고 하늘의 뜻과 인심이 이미 떠났으니, 비유하자면 큰 나무가 오래도록 벌레에 파먹혀 수액이 이미 다 말랐는데 언제 큰바람과 폭우가 이를지 모르는 처지가 된 지 오래되었습니다. 조정에 있는 신하 중에 충성스러운 뜻을 가지고 부지런히 보필하는 신하가 없는 것은 아니나, 이미 형세가 극에 달하여 지탱할 수 없음을 알아 사방을 돌아보아도 손쓸 곳이 없습니다. 지위가 낮은 관리들은 아래에서 히히덕거리며 주색을 즐기고, 지위가 높은 관리들은 위에서 대충대충 지내며 뇌물이나 받아먹고 있습니다. (…)

자전(문정대비)께서는 생각이 깊으시다 하나 깊은 궁궐 속 과부에 지나지 않고, 전하는 아직 어리시고 선왕의 고아일 뿐이니 천 가지 백 가지 재앙을 어떻게 감당하시겠으며, 억만의 인심을 어떻게 거두시겠습니까. (…)

이때를 맞이하여 비록 주공(周公)이나 소공(召公) 같은 재능이 있는 자가 높은 지위에 있다 하더라도 또한 어떻게 할 수 없을 터인데, 하물며 초개(草芥)와 같은 미천한 재능을 지닌 몸이겠습니까. 위로는 만분의 일이라도 위태로움을 지탱하지 못하고 아래로는 백성들을 조금도 위로하지 못할 것이니, 전하의 신하가 되기에 또한 어렵지 않겠습니까. 한두 됫박 되는 이름을 팔아 전하의 벼슬을 탐내 녹만 받아먹고 해야 할 일을 하지 않는 것은 또한 신이 바라는 바가 아닙니다.

상소를 읽고 대로한 명종은 대왕대비를 모독했다는 이유로 그를 처벌하려 했다. 문정대비를 과부라 하고 임금을 고아라 일컬었으니 명종이 진노할 만했으나 신하들의 만류로 조식은 처벌을 면했다.

˙벽립천인(壁立千仞)의 기상

조식은 1501년 생으로 정신적 라이벌이라고 할 수 있는 퇴계 이황과 같은 해에 태어났다. 이황에게서는 온화하고 신중한 유학자의 풍모를 엿볼 수 있지만, 조식의 글을 읽고 있으면 마치 우뚝 서 있는 천 길 벽을 마주한 듯한 기상을 느낄 수 있다. 그는 어린 시절을 서울에서 보냈지만 생애에서 가장 중요한 시기를 경상남도 지리산 자락에서 보냈다. 일찌감치 화담 서경덕, 대곡 성운 같은 당대의 명현들과 교유를 하며 이른바 삼처사(三處士)로 세상에 이름이 널리 알려졌다. 처사는 본래 《맹자》에 무자격자의 뜻으로 쓰인 말이지만 조선 시대에는 나라에서 불러도 벼슬에 나아가지 않은 선비, 곧 덕망이 높은 선비를 가리키는 말로 쓰였다.

조식은 평생 벼슬을 하지 않고 제자들을 양성했다. 산천재는 그가 예순한 살 때 지은 강학처로 '산천'이라는 재실의 명칭은 주역 대축(大畜) 괘의 괘상에서 따온 것이다. 대축 괘는 위에 산(山, ☶)이 있고 아래에 하늘(天, ☰)이 있기 때문에 산천대축(山天大畜)이라고 한다. 아래에 있는 하늘(☰)은 양효 세 개가 연이어 붙어 있는 모양으로 양강(陽剛)의 군자가 무리 지어 있는 모양을 상징하고, 위에 있는 산은 큰 덕을 뜻한다. 곧 큰 덕을 가진 사람이 천하를 올바르게 다스릴 수 있는 군자를 양성한다는 것이 산천에 담긴 뜻이다.

조식은 유학자였지만 늘 칼을 차고 다녔는데 칼집에 '경(敬)'과 '의(義)' 두 글자를 새겼기에 경의검이라 했다. 경과 의는 조식 수양론의 핵심이다. 그는 "안으로 나를 밝히는 것이 경(內明者敬)이고, 밖으로 일을 올바르게 판단하는 것이 의(外斷者義)다"라고 했는데 그만큼 그의 수양론은 간이직절(簡易直截)했고 실천하는 방식도 단호했다.

이를테면 밖에서 나를 침범하려고 달려드는 욕망을 적에 비유하여 "적이 침범하면 단칼에 쳐 죽여라"라고 하는가 하면, "내 배 속에 욕망의 때가 끼어들면 배를 갈라 창자를 꺼내 시냇물에 씻을 일이다"라고 했다. 외물의 유혹을 물리치되 마치 적으로부터 성채를 지키듯 단호하게 척결해야 한다는 것이다. 또 "벽립천인(壁立千仞)의 수행을 지속하면 모든 사악한 마음이 사라지고 온갖 이치가 저절로 통한다"라고도 했다. 한마디로 거침이 없다.

《선조실록》의 졸기에는 조식의 풍모를 다음과 같이 기록하고 있다.

조식은 도량이 청고(淸高)하고 두 눈에서는 빛이 나 바라보면 세속 사람이 아님을 알 수 있었다. 언론(言論)은 재기(才氣)가 번뜩여 뇌풍(雷風)이 일어나듯 하여 다른 사람으로 하여금 자기도 모르게 이욕(利慾)의 마음이 사라지도록 하였다. 평상시에는 종일토록 단정히 앉아 게으른 용모를 하지 않았는데 나이가 칠십이 넘도록 언제나 한결같았다. 배우는 자들이 남명(南溟) 선생이라고 불렀으며 문집 세 권을 세상에 남겼다.

1572년 조식이 세상을 떠난 뒤 선조 임금이 경연에서 조식이 제자들을 어떻게 가르쳤는지 묻자 김우옹은 이렇게 대답했다. "조식의 박문(博文), 궁리(窮理)는 이황만 못하지만 사람에게 정신과 기개를 가르쳤으므로 흥기된 자가 많았는데, 최영경, 정인홍 같은 사람들입니다"라고 했다. 이 기록처럼 조식은 평소 제자들을 가르칠 때 왜적을 물리치는 방법을 묻는 등 동시대의 다른 유학자들과는 사뭇 다른 면모를 보였다. 그가 세상을 떠난 뒤 20년이 되던 해에 임진왜란이 일어났고 그의 제자 57명이 의병장으로 활동한 것을 보면 그의 선견지명이 적중했다 하지 않을 수 없다. 큰 종이 한 번 세상을 울린 것이다.

저 소나무의 미래를 보라

조식이 서른다섯 살이 되던 1535년 9월 26일, 그가 살던 곳과 그리 멀지 않은 합천군 사촌리에서 기질이 그와 판에 박은 듯한 인물이 태어났는데 바로 내암(來庵) 정인홍(鄭仁弘, 1535~1623)이다. 이익의 《성호사설》에 따르면 그는 열한 살 때 해인사에 머물며 글을 읽고 있었는데, 하루는 영남의 삼걸로 불리던 구졸암 양희(梁喜)가 들렀다가 정인홍을 보고 소나무를 시제로 시를 지어보게 했다. 그 시는 다음과 같다.

키 작은 소나무 한 그루 탑 서쪽에 있으니	短短孤松在塔西
탑은 높은데 소나무는 낮아 미치지 못하네	塔高松下不相齊
오늘 한 그루 소나무가 작다 말하지 마라	莫言今日孤松短
훗날 소나무 자라면 탑이 외려 낮으리니	松長他時塔反低

양희를 탑에 견주고 자신을 소나무에 견주어 지금은 비록 자신이 어리지만 훗날 당신을 뛰어넘을 것이라고 자부한 셈이다. 시를 읽

어본 양희는 그의 기개에 감탄하면서도 '뜻이 참람하니 경계해야 할 것'이라는 당부를 잊지 않았다. 훗날 양희는 정인홍을 사위로 삼았다.

정인홍은 어려서 갈천 임훈에게 수학했는데 임훈은 그가 섣달그믐날 자신의 몸을 꼬집으면서까지 졸음을 견디는 모습을 보고 그를 문하에서 내보냈다. 한때 퇴계 이황을 예방하여 제자로 받아들여줄 것을 청한 적이 있으나, 이황은 그가 더운 날에 땀을 뻘뻘 흘리면서도 의관을 흐트러뜨리지 않는 모습을 보고 스승이 되기를 사양했다. 두 사람 모두 끝내 그를 제자로 받아들이지 않은 것이다. 아무래도 그의 비범함을 상서롭지 못하다고 여겼기 때문이 아닐까.

그런 정인홍의 기개를 높이 사 제자로 받아들인 사람이 바로 조식이다. 그만큼 조식에게는 용납되지 못할 인물이 없었던 것이다. 조식은 열다섯 살의 정인홍이 합천군 삼가면으로 자신을 찾아오자 그를 제자로 받아들인다. 그 뒤 조식이 김해 산해정에 머물러 있을 때 정인홍이 스승을 찾아 보름 동안 함께 지내다가 떠난 적이 있었다. 조식은 북으로 돌아가는 그를 위해 〈격치성정가(格致誠正歌)〉와 〈대학팔조가(大學八條歌)〉를 지어주고 다음의 시를 보내 학문에 매진하도록 격려했다.

평생의 근심과 즐거움 모두 번뇌이지만　　　　一生憂樂兩煩寃

푯대처럼 의지할 선현이 있다네	賴有前賢爲竪幡
부끄럽구나 글쓰기를 물리쳐 학술이 없으니	慙却著書無學術
억지로나마 품은 생각 시에 부쳐주노라	强將襟抱寓長言

　시에는 제자의 학문을 권면하는 스승의 마음이 잘 드러나 있다. 인간의 삶이란 평생토록 근심과 즐거움이라는 두 가지 번뇌에 갇혀 지낼 뿐이지만 선현의 학문이 있어 의지할 만하다. 내가 부끄럽게도 글을 많이 쓰지 않았기에 따로 전해줄 학식이 없지만 노래로나마 가슴에 품은 생각을 전하고자 한다는 뜻이다.

　1572년 1월 15일 병으로 누워 있던 조식은 정인홍과 김우옹 두 제자를 불러 "내 정신이 예전 같지 않으니 아마도 죽을 모양이다. 그러니 더 이상 약을 올리지 말라"라고 했다. 그러고는 약과 미음을 모두 물리쳤다. 정인홍이 "약을 올리지 말라는 가르침은 따르겠습니다만, 미음도 드시지 않겠다고 하신 말씀은 자연스러운 도리가 아닌 듯합니다"라고 하자, 조식은 미음을 올리게 하고 조금씩 먹었다고 한다. 그러기를 20여 일이 지난 뒤인 2월 8일에 조식은 정인홍을 비롯한 제자들이 지켜보는 가운데 세상을 떠났다. 바람이 세차게 불고 비가 쏟아지던 날이었다.

왜적을 물리쳐 나라를 구했지만

　이후 정인홍의 삶은 스승 조식과 닮은 점이 많다. 초시에 급제했지만 벼슬에 뜻을 두지 않고 과거를 포기한 것도 그랬고, 익산군수에 제수되자 도리어 조정의 실정을 비판하면서 나아가지 않은 것도 스승과 닮은꼴이다.

　그러나 그는 선조 초기부터 출사하여 황간현감을 시작으로 영천군수를 지내기도 했고, 사헌부 장령이 되어 법령을 엄격히 적용하여 아전들의 부정과 지방 수령들의 비리를 적발하는 등 기강을 세우는 데 심혈을 기울였으니 이 점은 스승과 달랐다고 할 수 있다. 하지만 정철과 윤두수를 탄핵하다가 도리어 삭탈관직당하기도 하고 영창대군을 옹립하려는 세력에 대항하여 광해군의 즉위를 주장하다가 어려움에 처하자 뜻을 펼치기가 쉽지 않은 걸 알고 낙향하고 말았다.

　그 후 평생 세상에 나아가지 않을 것 같았던 그는 1572년 임진왜란이 일어나자 58세의 나이로 분연히 일어나 의병을 규합했다. 임진왜란 초기에 그는 조식의 제자이면서 외손사위였던 곽재우가 의령에서 의병을 일으켰다는 소식을 듣고 경상감사 김수를 만나 왜군 토벌에 관한 대책을 물었으나 그에게 토벌 의지가 없음을 확인하고 스스로 의병을 일으키기로 결심했다.

　그는 곧바로 경상우도에 통문을 돌려 고령의 김면과 현풍의 박성, 곽준 등과 함께 3천여 명의 의병을 모집한 뒤 5월에 성주로 진격하여 왜군을 물리쳤다. 6월에는 고령군 무계에서 매복 작전으로 왜군을 크게 무찔렀고, 8월과 9월에는 왜군이 점거하고 있던 성주성을 공격했다. 10월에는 포위된 진주성을 구원하는 데 합류했으며, 11월에 외아들 연(沇)이 전투 중에 사망하는 불행을 겪기도 했다.

전쟁 중 그는 상주목사와 영해부사에 제수되었으나 나아가지 않았고 형조참의와 부승지에도 제수되었으나 모두 사양했다. 1595년 고령의 무계를 지나던 그는 왜와 강화하자는 주장이 조정에서 나왔다는 소식을 듣고 〈과무계(過茂溪)〉라는 시를 지었다.

필마로 옛 전쟁터 지나노라니	匹馬經過舊戰場
강물조차 한을 품고 흐르는구나	江流遺恨與俱長
지금 누가 오랑캐와 평화를 말하는가	於今誰唱和戎說
장수와 병사들이 억울하게 죽지 않았더냐	將士當年枉死亡

이처럼 정인홍은 의병장으로 활동하다가 1597년에 정유재란이 일어나자 다시 창의했다가 전쟁이 끝나자 합천으로 낙향했다. 이후 선조가 죽고 광해군이 즉위하자 조정의 실력자로 부상하여 1615년 좌의정을 거쳐 1618년에는 영의정에 제수되는 영예를 누렸다. 하지만 그전에 이언적과 이황의 문묘종사에 반대하다가 팔도의 유생들

로부터 탄핵을 당하고 성균관 유생들에 의해 유생명부인《청금록(靑 衿錄)》에서 삭제되는 불명예를 입었으며, 인목대비 폐모론에 연루되 어 논란에 휩쓸리자 광해군의 거듭된 부름에도 조정에 나아가지 않 고 고향에서 후학을 양성하는 데만 전념했다. 그러나 끝내 불행을 피할 수는 없었다. 1619년 영의정에서 물러나 고향에 돌아온 뒤 다 시 서울로 가지 않았지만 1623년 3월 13일 인조반정이 일어나자 곧 바로 체포되어 의금부에서 반정세력에게 국문을 당하기에 이른다.

반정세력은 그에게 의병을 일으켜 무단으로 위세를 부렸고, 이언 적과 이황의 문묘종사를 반대했으며, 폐모론에 동조했다는 등 다섯 가지 죄목으로 참형을 선고했다. 《내암집》에는 죽음을 앞둔 정인홍 의 말을 이렇게 기록하고 있다.

일찍이 스승에게 배워 군신과 부자간의 대의를 알았다. 슬프다! 초야 에 물러난 지 20여 년 동안 어지러운 세상일을 듣고 알려 하지 않았 다. 아흔의 모진 목숨 아직도 죽지 않고 끝내 폐모(廢母)의 죄명을 얻 었으니 이제 한번 죽는 것은 참으로 아까울 것이 없거니와 다만 지하 에서 선왕을 뵐 면목이 없는 것이 두려울 뿐이다.

이때 그의 나이 88세였다. 《예기》〈곡례〉에는 여든 살이 넘은 노 인이나 여덟 살 미만의 어린아이는 죄를 지어도 처벌하지 않는다는 조목이 있고, 《경국대전》과 《대명률》에도 나라의 정승을 지낸 이는 죽이지 않는다는 조목이 있음에도 반정파는 기어코 그를 죽이고 만다.

일찍이 정인홍의 스승이었던 조식은 항상 성성자(惺惺子)라는 방울과 경의검(敬義劍)을 차고 다니며 자신을 경계했다. 그는 죽기 전 제자들에게 "경(敬)과 의(義) 두 글자를 지키면 마음에 조금의 욕심도 생기지 않을 터인데, 내가 이 경지에 이르지 못하고 죽는다"라는 말을 남기고, 방울은 김우옹에게, 칼은 정인홍에게 전해주었다. 이후 정인홍은 틈날 때마다 스승의 칼을 턱밑에 괴고 반듯하게 꿇어앉은 자세로 수양에 힘썼지만 끝내 불행을 피하지 못했으니 애석한 일이 아닐 수 없다.

정인홍이 죽은 뒤에도 불행이 이어졌다. 후손이 장살(杖殺)되는가 하면 사당과 초상화가 불태워졌다. 이덕무의 《청장관전서》에는 그의 후손이 초상화를 간직하고 있었는데 어느 감사가 그 사실을 알고 태워버리게 했지만, 서너 번 불에 태워도 끝내 얼굴은 타지 않았다는 이야기가 전한다. 이옥의 문집에도 합천에 부임한 어느 군수가 정인홍의 옛 집터에 초상화가 모셔져 있는 것을 보고 집을 불태웠는데 초상화만은 불타지 않고 날아오르자 돌로 눌러놓고 불태웠다는 기록이 있다. 심지어 그가 태어날 때 가야산의 초목이 말라버렸다거나 눈빛만으로 개를 죽였다는 이야기가 전해 오기도 한다.

이런 기록은 모두 믿을 수 없는 이야기이지만 당시의 반정세력이 정인홍을 얼마나 두려워했는지 엿볼 수 있다는 점에서 오히려 그 인물의 크기를 짐작할 수 있다. 그러니 지금 그의 초상화가 남아 있지 않아 풍모를 엿보지 못하는 것은 못내 아쉬운 일이다.

정제두와 강화학파

이단을 공부한
유학자

학문에 목숨을 걸다

강화도 하일리에 가면 저녁노을이 아름다운 골짜기가 있다. 그래서 이름도 하곡(霞谷)이다. 이곳은 1709년 조선의 양명학자 정제두(鄭齊斗, 1649~1736)가 여생을 보내기 위해 선택한 곳이다. 그는 이곳에 머물면서 양명학 연구에 몰두했다. 목숨을 걸어야 했다. 조선에서 양명학은 금지된 학문이었기 때문이다.

정제두의 자는 사앙(士仰)이고 호는 하곡(霞谷)이다. 정몽주의 11세손으로 종형이 효종의 부마인 인평위였고, 부인은 윤선거의 종질로 왕실과 인척 관계를 맺기도 했다. 한때 송시열과 송준길의 문인인 이찬한, 이상익 등에게 배웠으나 성장해서는 박세채와 윤증의 문하에서 배웠다. 그와 교유한 인물로는 최석정, 민이승, 박심, 이군보, 정경유 등이 있다. 이들은 모두 소론에 속하는 사람들로 학문적으로는 성혼의 학맥을 이은 사람들이다.

정제두는 열아홉 살에 별시 문과 초시에 급제했으나 스물 네 살 무렵에 당시 조정의 어지러운 형세와 주자학자들의 교조적인 태도에 낙담하여 과거 공부를 접었다. 중간에 천거로 잠깐씩 벼슬살이를 한 적은 있었으나 이내 그만두고 물러나 삶의 대부분을 강학하면서 지냈다.

젊은 시절 정제두는 여느 조선의 사대부와 마찬가지로 주자학을 공부했다. 스승은 당대 주자학의 대가였던 박세채와 윤증이었다. 그러나 주자학자로 살던 그는 남언경과 장유의 글을 읽다가 왕양명(왕수인)의 수양론을 접하면서 주자의 견해보다 왕수인의 견해가 학문적으로 더 타당하다고 생각하게 되었다. 하지만 드러낼 수는 없었다. 이단으로 지목된 양명학을 공부한다는 사실이 알려지면 모든 것을 잃을 수도 있었기 때문이다. 몰래 양명학을 공부하던 그는 서른세 살이 되던 해에 병에 걸려 거의 죽을 지경에 이르자 스승 박세채에게 자신이 양명학자임을 고백하는 편지를 썼다.

제가 여러 해 동안 답답해하며 오래 생각해두었던 것을 스승님께 모두 보여드리고 두 극단을 헤아려 올바름을 구하고 싶었지만 그렇게 하지 못한 것이 한스럽습니다. 외람되이 생각건대 천리(天理)가 곧 성(性)이라 하지만, 심성에 관한 가르침은 아무래도 왕양명의 학설을 바꿀 수 없을 듯합니다.

완곡하게 표현했지만 '성(性)이 곧 이(理)'라고 주장한 주자의 견해는 그르고 '심(心)이 곧 이(理)'라고 한 왕양명의 견해야말로 바꿀 수 없는 진리라고 주장한 것이다. 염려한 대로 돌아온 대답은 부정적이었다. 박세채는 "왕양명의 학문은 유학의 종지와 별 차이가 없는 것 같지만 격물궁리(格物窮理)하는 공부를 매우 싫어하고 본성을 보존하고 기르는 노력 없이 단번에 깨닫는 것을 목표로 삼으니 결단코 불교와 같다"라고 하면서 "빨리 사도를 버리고 정도로 돌아오라"고 채근하는 답장을 보내왔다.

두 스승과 논쟁하다

정제두의 스승이었던 박세채(朴世采, 1631~1695)는 자가 화숙(和叔)이고 호는 남계(南溪)로 한 시대의 중망(重望)을 짊어진 사림의 영수였다. 할아버지는 의정부 우참찬을 지낸 박동량이었고, 외할아버지는 영의정을 지낸 신흠으로 김상헌과 김집의 문하에서 수학했다. 스무 살에 효종에게 올린 상소가 받아들여지지 않자 과거를 포기하고 성리학 연구에 몰두했지만 천거로 벼슬에 나아간 뒤로 좌의

정까지 올랐다. 한때 송시열과 교유하며 정치적 입장을 같이했으나 노론과 소론이 대립하던 시기에는 정제두의 또 다른 스승이었던 윤증과 함께 소론의 영수가 되어 송시열과 맞섰다. 그럼에도 그는 이른바 황극탕평론을 주장하여 양측의 파당적 대립을 막으려는 시도를 그만두지 않았다. 이렇듯 탕평의 삶을 살았던 그조차 정제두가 양명학을 연구하는 일만은 용인할 수 없었던 모양이다. 그는 제자가 양명학에 심취하는 것을 안타까워하면서 여러 차례 편지를 보내 설득했고, 왕양명의 학설을 비판한 〈왕양명학변(王陽明學辨)〉을 지으면서까지 정제두의 생각을 돌리려 했다. 하지만 정제두는 끝내 자신의 주장을 바꾸지 않았다.

이것은 참으로 죽고 사는 갈림길이니 어찌 그만둘 수 있겠습니까. 제가 왕씨의 학설에 연연하는 까닭이 혹시라도 기이한 것을 구하여 사사로운 욕심을 이루려는 데서 나왔다면 결연히 끊어버리는 것이 어렵지 않습니다. 그러나 감히 잘 알지는 못하겠습니다만 우리가 학문을 하는 목적이 무엇입니까? 성인의 뜻을 구해서 그것을 참으로 얻는 데 있을 뿐입니다.

그와 논쟁했던 또 다른 스승은 윤증이다. 윤증 또한 "그대로 하여금 마침내 양명에 빠져 스스로 돌이킬 수 없게 한 것은 곧 벗들 뒤에 있는 나 같은 사람이니, 비록 같이 편지를 주고받지는 않았다 해도 어찌 후세의 책망을 면하겠는가"라고 하면서 불편한 마음을 감추지 않았다.

윤증(尹拯, 1629~1714)은 자가 자인(子仁), 호는 명재(明齋)다. 아버지는 윤선거이고 성혼의 외증손으로 김집의 문하에서 배웠다. 애초 김집의 권유로 송시열을 찾아가 주자학을 배울 정도로 가까웠지만 훗날 서인이 노론과 소론으로 분당되자 박세채와 함께 송시열과 대립했다. 일찍이 학문과 덕행으로 명성이 나 여러 차례 벼슬에 제수되었으나 모두 사양하고 나아가지 않았다.

한번은 절친하게 지내던 박세채가 조정에 있으면서 그에게 자신을 도와달라고 청했지만 그는 "조정에 나가지 않는다면 모르지만 나간다면 해야 하는 일이 있다. 송시열의 세도를 중단해야 하고, 서인과 남인의 원한을 해소해야 하고, 김석주, 김만기, 민정중의 문호(門戶)를 닫아야 한다. 이 세 가지 일은 우리 힘으로는 할 수 없기에 나갈 수 없다"라고 했다. 박세채는 이 말을 듣고 더 이상 권하지 못했다고 한다.

윤증은 정제두가 젊었을 적부터 스승과 제자로 지냈으며 정제두의 부인이 그의 육촌이었기 때문에 두 사람은 인척 관계이기도 했다. 그는 정제두가 양명학에 깊이 빠진 것을 알게 된 이후에도 제자를 아끼는 마음만은 거두지 않았다. 더욱이 그는 주자학자였지만 일찍이 왕양명이 강조했던 실심(實心)을 중시했기에 박세채보다 양명학에 우호적이었다. 따라서 그의 문하에서 정제두와 양득중 같은 양명학자가 나온 것을 우연한 일로 돌릴 수 없다. 하지만 당시 집권 세력이었던 노론은 그의 유연한 학문적 태도를 허락하지 않았다. 그때문에 그는 끝까지 정제두에게 양명학을 버리고 주자학으로 돌아오라고 간곡하게 청했다. 하지만 정제두는 뜻을 굽히지 않았다.

왕양명의 학문은 저의 얕은 견해로도 버릴 수가 없습니다. 틈틈이 벗들에게 이야기했지만 아무도 들으려 하지 않았습니다. 하물며 이제 학문이 심하게 무너지고 저도 제 뜻을 펼쳐 밝힐 수가 없으니 이 도(道)의 참됨에 보탬이 없습니다. 위로는 스승님께 누를 끼치고 아래로는 시끄러운 논의를 불러일으켰으니 장차 뒤엎어질 상황으로 돌아감을 면치 못할 것 같아 죄송하고 부끄럽고 두려울 뿐입니다.

이렇게 결연한 태도를 보인 정제두도 스승과의 인간적 유대마저 끊지는 않았다. 안산에 머물던 때에는 윤증에게 집안 장례에 쓸 묘지명을 청하면서, 의지하고 우러러보는 사람은 오직 스승뿐이며 그동안 내치지 않고 걱정해준 은혜를 죽어도 잊지 않겠다며 고마워했다. 두 사람은 이렇듯 아끼고 우러러보는 관계였지만 만나는 기회는 드물었기에 서로의 학문적 견해차를 극복하는 데까지 이르지는 못했다. 윤증은 75세가 되던 해에 이런 내용의 편지를 보내 그런 안타까움을 토로했다.

> 함께 논변한 여러 편지를 읽을 때마다 놀라고 슬퍼 스스로 자책하지 않을 수 없다. 다만 요즈음 뜻은 어떠하며 어떤 공부를 하고 있는지 알지 못하겠다. 서로 바라보는 거리가 멀어 하나로 모일 수 없음이 한스럽다. 일상생활의 절도를 보여줄 수 있다면 이처럼 치솟는 회한을 위로받을 수 있을 텐데….

이처럼 박세채와 윤증 두 스승은 평소 그를 무척이나 아꼈던 만큼 간곡한 말로 설득했을 뿐 심하게 나무라지는 않았다. 하지만 함께 배우던 이들은 단호한 태도로 그를 질타했다. 정제두의 죽마고우로 박세채에게 함께 배웠던 최석정(崔錫鼎)은 이런 편지를 보내왔다.

> 조카가 왕양명의 학설을 믿어 생각을 바꾸지 않는 까닭이 어찌 한갓 주자를 어기기 위해서이겠는가. 반드시 근본이 있을 것이다. 양명의 학설 중에는 참으로 믿고 즐거워할 만한 곳이 있으니 그 근원을 미루어 밝히지 않고 한갓 비난만 일삼는다면 어찌 바른 도리를 구할 수 있겠는가. 내가 장유의 글을 읽다가 양명의 학문을 찬탄하는 곳이 많은 걸 보고 양명의 문집과 어록을 구해 읽어보았는데 얼핏 보면 진실

로 탁견인 것 같지만 반복해서 읽고 자세히 따져보니 한갓 그 말투가 화려하고 학문의 지름길만 추구하여 모두 현란하게 뒤집혀 있었다. 주자와 어긋날 뿐 아니라 공자와 증자의 뜻과도 남과 북처럼 완전히 달라 변론할 필요조차 없다.

최석정은 최명길의 손자로 한때 왕양명의 일부 주장을 수용하기도 했다. 하지만 당시에는 이미 양명학을 분명하게 배척하고 있었고 소론을 이끄는 입장에서 당시 노론 유생들로부터 소론이 이단을 공부하는 집단으로 매도당할까 염려하고 있었기에 이런 글을 보내온 것이다.

정제두의 또 다른 절친한 벗 민이승(閔以升)도 처음에는 정제두를 걱정하는 글을 보내왔지만 마침내 "계속 양명학을 공부하면 끝내 주륙을 면치 못할 수도 있다"라며 험한 말을 하기에 이르렀다. 더욱이 노론 유생들은 이미 양명학을 사문난적으로 규정하고 이단을 공부하는 자들을 처벌해야 한다고 목소리를 높이고 있었다.

이처럼 일시에 모든 것을 잃을 처지에 놓였음에도 정제두는 자신의 뜻을 바꾸지 않고 이렇게 말했다.

"내가 이 학문으로 인해 죄를 입는다면 죽어도 한스럽지 않다."

하지만 정제두는 집권 세력인 노론이 정치적·학문적 폭력을 휘두르는 가운데 그나마 울타리가 되어주던 스승과 친구들마저 자신을 질책하는 상황을 이기지 못해 마흔한 살이 되던 해에 서울 생활을 접고 안산의 추곡으로 물러나 은거한다. 잠시 머물렀던 관직을 떠났음은 말할 것도 없다.

강화학파를 열다

안산에 거처를 마련한 정제두는 이곳에서 60세까지 머물면서 양명학 연구와 저술에 몰두한다. 그 결과 학문과 수양의 대체를 정리한 〈학변(學辯)〉과 〈존언(存言)〉을 비롯한 수많은 걸작이 탄생했다. 그는 〈학변〉에서 주희(주자)가 거경(居敬)과 궁리(窮理)를 구분하여 앎의 문제와 실천의 문제를 둘로 나눈 것을 비판하고 왕양명이 둘을 하나로 보는 견해가 옳은 이유를 논증했다. 일찍이 주희는 궁리는 지(知)에 해당하고 거경은 행(行)에 해당하므로 마치 사람이 걸을 때 두 발이 번갈아 움직이는 것과 같다고 비유했지만, 선후를 나누면 부득불 지가 먼저고 행이 나중이라고 했다. 하지만 정제두는 거경이 바로 궁리이고 궁리를 오로지하는 일이 거경이라 주장하며 거경 외에 궁리가 따로 없고 궁리 외에 거경이 따로 없다고 하여 앎과 실천이 한 몸이라고 주장했다. 주희의 선지후행(先知後行)을 비판하고 양명의 지행합일(知行合一)을 진리라고 주장한 것이다. 이어서

앎과 실천을 나누는 병통을 이렇게 이야기했다.

한갓 알기만 하고 행하지 못하는 자와 행함만 힘쓰고 알지 못하는 자
는 두 경우 모두 지행(知行)의 본체를 잃어서 둘로 나눈 병통에서 비
롯된 것이다. 먼저 치지(致知)하고 나중에 역행(力行)한다고 하면 한
가지 일을 선후로 나누는 것이 된다.

그가 안산에 머무는 동안 학문은 깊어졌지만 불행한 일 또한 이어
졌다. 마흔여섯 살이 되던 해에는 가장 오랫동안 배웠던 스승 박세채
가 세상을 떠났다. 부음이 이르자 그는 스승의 신위를 진설하고 상복
을 갖춰 입은 뒤 통곡했으며 장례를 치를 무렵에는 장지까지 따라가
스승의 죽음을 슬퍼했다. 이듬해에는 오랜 지기였던 민이승이 세상
을 떠났다. 한때 정제두가 양명학을 공부한다는 이유로 험한 말까지
서슴지 않았던 그는 죽기 전 자신의 세 아들에게 정제두를 찾아가 스
승으로 섬기라는 말을 남겼다. 정제두는 친구의 자식들을 거두어 정
성껏 가르쳤다. 쉰아홉 살에는 자신을 따라 안산에 와서 양명학을 공
부하던 지기 박심(朴鐔)이 세상을 떠났다. 박심은 그와 함께 박세채와
윤증을 스승으로 모셨던 오랜 사우(師友)이기도 하다. 예순 살이 되던
해에는 어린 장손(長孫)이 죽어 슬픔을 더한다.

거듭되는 슬픔을 달래지 못해서인지 아니면 아버지와 할아버지

의 묘소가 있는 곳으로 가고 싶어서였는지 정제두는 이해에 거처를 강화도로 옮기기로 결심한다. 안산으로 내려올 때만 해도 그를 흠모하여 따라온 이들이 많았으나 이제 절해고도로 들어가게 되면 그들 또한 왕래하기가 어려울 것이다.

하지만 강화에 들어간 뒤에도 제자가 되기 위해 멀리서 찾아오는 이가 끊이지 않았다. 맨 먼저 찾아온 이는 전주이씨 가문의 덕천군파(德泉君派) 후손인 이광명(李匡明)이었고 이후 그의 사촌동생 이광사(李匡師), 팔촌동생 이광려(李匡呂)가 찾아와 정제두의 제자가 되었다. 이어서 신대우(申大羽)가 강화로 이주해와 이광려의 제자가 되어 양명학을 이어갔다. 스승의 문집을 정리하던 신대우는 아버지를 따라 벼슬을 포기하고 양명학자가 된 정후일의 딸과 혼인함으로써 정제두의 손녀사위가 되기도 했다. 한 세대를 지나며 이광명의 후손인 이건창, 이건승, 이건방이 모두 양명학자가 되었으니 이른바 강화학파(江華學派)다.

˙나라를 위해 목숨을 바치다

정제두의 학문을 계승한 이들은 모두 시문과 서예에 뛰어난 재능을 발휘했고 양명학의 가르침을 몸소 실천했다. 이광명의 종

손인 이건창은 김택영, 황현과 함께 한말 3대 문장가로 불리기도 했
는데 이들은 모두 양명학자였다. 이들은 경술국치를 당하자 자결하
거나 만주로 가서 독립운동을 펼쳤다. 특히 이건창의 문장을 흠모했
던 황현은 죽기 전 강화도에 있는 이건창의 무덤을 찾아가서 절하고
돌아온 뒤 절명시를 남기고 자결했다. 이건창의 동생 이건승, 가학으
로 양명학을 전수받은 홍승헌, 정제두의 6세손인 정원하 세 사람은
황현에 앞서 을사늑약이 있던 해 함께 모여 자결을 시도하다가 가족
들이 목숨을 걸고 말리는 바람에 뜻을 이루지 못했다. 경술국치 이후
함께 압록강을 건너 만주로 가서 독립운동을 펼치기로 약속한다. 이
건승은 애초 을사늑약 이후 재산을 다 털어서 강화에 계명의숙을 세
워 구국계몽운동에 앞장섰고, 경술국치 이후에는 강화를 떠나 진천
에서 올라온 양명학자 홍승헌과 함께 압록강을 넘어 만주 흥도촌에
서 두 달 앞서 출발한 정원하 일행과 만난다. 이어 서울에서 온 이석
영, 이회영, 이시영 형제가 이들과 합류하여 신흥무관학교를 세웠고
이로부터 청산리 전투, 봉오동 전투 등 항일 무장투쟁이 이어졌다.

만주에서 독립운동을 펼쳤던 강화학파의 후손 중 살아서 돌아온
사람은 없다. 이들 양명학자들은 자신들을 이단으로 배척했던 주자
학의 나라 조선을 끝까지 지키려다 망국과 함께 사라진 것이다.

정제두의 묘소는 강화도 진강산 서쪽 기슭에 있다. 그곳에서 바라
보는 노을은 여전히 아름답다.

이 달, 허난설헌, 허균

재능을 가진 이가
부서지지 않기를

비천한 시인이 남긴 불후의 시

밭에서 이삭 줍는 시골 아이 푸념하길	田間拾穗村童語
동분서주 진종일에 대광주리 못 채워요	盡日東西不滿筐
올해엔 벼 베는 농부 마음도 공교로워	今歲刈禾人亦巧
남은 이삭 모조리 거둬 관가에 바쳤겠지	盡收遺穗上官倉

이 시는 이삭 줍는 아이들의 이야기를 노래한 이달의 〈습수요(拾穗謠)〉다. 수확이 막 끝난 가을 들판 한가운데, 어린아이들이 이삭을 찾아 부지런히 움직인다. 농사지을 땅이 없는 이들이 아이들에게 이삭과 버려진 볏단을 가져오게 해서 끼니를 돕고 이엉을 엮는 까닭이다. 이런 사정을 알기에 수확하는 농부들은 부러 이삭이나 볏단을 깡그리 거두지 않고 들판에 적당히 남겨두곤 했다. 이것이 가난한

백성이 서로 도우며 사는 오래된 방식이었다. 하지만 올해에는 남아 있는 이삭이 좀체 눈에 띄지 않는다. 농부의 마음이 갑자기 각박해져 이삭을 남김없이 수확해버린 것일까? 이유를 알 수 없는 아이들의 푸념이 들려오지만 시인은 이미 그 까닭을 알고 있다. 농사를 짓는 이들 또한 관에서 혹독하게 물리는 세금을 감당하느라 이삭까지 남김없이 싹 쓸어 담아도 살아가기가 힘겨워졌기 때문이다. 그러니 땅이 없어 농사를 짓지 못하는 사람들의 삶이야 말해 무엇하랴.

시인 이달(李達, 1539~1612)은 자가 익지(益之)이고 호가 손곡(蓀谷)으로 이수함(李秀咸)의 서자로 태어났다. 최경창, 백광훈과 함께 어울려 전국을 돌아다니며 시를 지었는데, 훗날의 시인들은 이들의 시가 송풍(宋風)을 넘어 당풍(唐風)을 이루었다 하여 삼당시인(三唐詩人)이라 일컬으며 우러러보았다. 그중 으뜸으로 꼽히는 이달은 어머니가 홍주(지금의 충청남도 홍성)의 관기(官妓)로 천출이었기에 평생 세상에 쓰이지 못했다.

이달은 이처럼 출신이 비천한 데다 평소 예절에 구애되지 않아 용모가 단정치 못하고 성격도 자유분방하여 환영을 받지 못했다. 하지만 시를 짓는 이들만은 그의 탁월한 재능을 알아보았다. 신광한(申光漢)과 함께 시의 쌍벽을 이루던 정사룡(鄭士龍)은 그가 서출임에도 물리치지 않고 두보의 시를 가르쳤고, 영의정을 지낸 박순도 그가 자신의 문하에 드나들도록 허락하여 최경창, 백광훈 등과 교유할 수 있게 했다.

이달은 이 두 사람 외에도 임제, 허봉, 양대박, 고경명 등 이름난 시인들과 함께 어울려 시를 지었고, 허난설헌과 허균에게 시를 가르치기도 했다. 이달과 절친하게 지내던 허봉(許篈)이 허난설헌의 오빠이자 허균의 형이었는데 자기 누이와 아우를 이달에게 소개하여 시를 배우게 했기 때문이다. 홍만종의 《소화시평(小華詩評)》에는 허균이 이달을 처음 만나는 장면이 기록되어 있다.

> 손곡 이달은 젊은 시절 하곡(허봉)과 친하게 지냈다. 하루는 이달이 허봉의 집을 찾았는데 마침 허균이 형을 찾아왔다. 허균이 이달을 낮추어 보고 예를 갖추지 않았지만 이달은 태연히 시에 관해 이야기하고 있었다. 허봉이 아우에게 이르길 "시인이 이 자리에 있는데 아우는 어찌 그래 소문도 듣지 못했는가? 그대를 위해 시 한 수 지어달라 부탁해보겠네" 하고는 운을 떼자, 이달이 바로 절구 한 수를 지었는데 낙구는 다음과 같았다. "담 모퉁이 작은 매화 피었다 지고 나니, 봄 신명이 살구꽃 가지 위로 옮겨가네(墻角小梅開落盡 春心移上杏花枝)." 허균이 보고 깜짝 놀라 얼굴빛을 바꾸고 공경하는 태도로 사죄하고 마침내 시 벗이 되었다.

이후 허난설헌도 이달에게 시를 배우면서 허씨 집안의 세 남매가 모두 이달과 교유하게 된다. 이달은 한때 원주 손곡에 숨어 살면서 호를 손곡이라 했으나 타고난 방랑벽을 어쩌지 못하고 일흔이 넘도록 시를 지으며 전국을 돌아다녔는데 말년에는 평양에 머물다 세상을 떠난 것으로 보인다. 그의 마지막 모습은 양경우(梁慶遇)의 《제호시화(霽湖詩話)》에 보인다. 양경우는 1609년 종사관이 되어 평안도 용만으로 가는 길에 평양에 들렀다가 이달을 만났는데 당시 이달은 늙은 관노 집에 얹혀살고 있었고 나이가 이미 칠십이 넘었다고 한다. 그는 늘그막에 평안도 지역을 떠돌면서 여러 편의 시를 지었는데, 그중 안주의 시골집에 하룻밤 묵으며 쓴 〈숙안주촌사(宿安州村舍)〉에는 평생 나그네로 떠돌아다닌 그의 고단한 삶이 보인다.

산이란 산, 길이란 길 모두 눈에 덮였는데　　　　積雪千山路

물가 마을엔 외로운 연기 한 줄기　　　　孤烟一水村

나그네는 하룻밤 묵을 곳 찾는데　　　　行人欲投宿

잦아드는 해 어느덧 황혼이구나　　　　殘日已黃昏

이달은 이렇게 평생 몸 붙일 곳 없이 떠돌아다니며 비렁뱅이 노릇을 했기에 세상 사람들은 그를 천대했다. 하지만 시인들은 바로 그런 점 때문에 그를 아끼고 사랑했다. 허균이 〈손곡산인전(蓀谷山人傳)〉에서 이야기한 것처럼 그의 몸은 가난 속에 늙어갔지만 그의 시는 썩지 않을 것이다. 어찌 한때의 부귀로 그 이름을 바꿀 수 있겠는가.

　이달의 무덤이 어디에 있는지는 전하지 않는다. 지금은 그가 어린 시절을 보냈을 홍성의 황곡리 하대마을과, 당시(唐詩)를 익히며 한동안 묻혀 살았던 원주 손곡리에 시비가 세워져 있을 뿐이다.

˙가을바람 찬 서리에 떨어진 난초

　이달에게 시를 배운 허난설헌(許蘭雪軒, 1563~1589)은 이름이 초희(楚姬)이고 자가 경번(景樊)이며 난설헌은 호다. 초희와 경번을 이름과 자로 삼은 까닭은 춘추시대 초나라 장왕을 도와 패업을 이루게 한 장왕의 아내 번희(樊姬)를 본받으라는 뜻에서였고, 난설헌으로 자호한 까닭은 여름에 자라는 난초가 겨울에 잘못 피었다는 뜻을 취한 것이다. 아버지는 당대 유림의 신망을 입던 초당 허엽이고 위로 오빠 허성과 허봉, 아래로 동생 허균이 있었다. 아버지 허엽은 화담 서경덕에게서 배웠고 훗날 동인의 영수가 되었으며 형제가 모두 탁월한 재능으로 세상에 이름을 떨쳤다.

　허난설헌은 여덟 살에 쓴 백옥루상량문(白玉樓上樑文)으로 일찍이 신동으로 이름이 났으며, 열 살이 조금 넘어 허봉의 소개로 이달의 제자가 되어 당시를 배우면서 시가의 풍격을 갖추기 시작했다.

곱게 자란 창가의 난초, 가지와 잎 어찌 그리 향기롭던가

盈盈窓下蘭 枝葉何芬芳

가을바람 한번 스치니 슬프게도 서리 맞아 떨어졌네

西風一披拂 零落悲秋霜

빼어난 자색은 시들어도 맑은 향기 끝내 죽지 않으니

秀色縱凋悴 淸香終不死

내 마음 슬퍼 흐르는 눈물이 옷소매를 적시네

感物傷我心 涕淚沾衣袂

이 시에 등장하는 난초는 허난설헌 자신을 빗댄 것일 터이다. 곱게 자란 난초가 비록 가을바람 찬 서리에 떨어져도 향기는 끝내 사라지지 않는 것처럼 시인의 꿈을 접지 않으려는 의지가 엿보인다. 또 "북쪽 이웃 가난하여 입을 옷조차 없이, 주린 배 움켜쥐고 오두막에 쓰러졌네(北隣貧無衣 枵腹蓬門裏)"라고 읊은 구절이나, "수(戍) 자리 길고 길어 청춘은 늙어가고, 오랜 전쟁에 군마도 여위어가네(久戍人偏老 長征馬不肥)"라고 노래한 시구를 보면 영락없이 가난하고 천대받는 사람들의 이야기를 시어로 옮겼던 이달의 정조를 빼닮았다.

하지만 시대는 그가 재능을 꽃피우도록 허락하지 않았다. 불행은 결혼과 함께 시작되었다. 남편 김성립(金誠立)은 명문가의 자제로 훗날 과거에 급제하여 홍문관에 들 정도로 문장에 뛰어난 인물이었으

나 함께 시를 논할 만한 상대가 되지 못했고, 완고하고 보수적인 시가의 가풍은 그의 천재성을 질식시키고 말았다. 설상가상으로 죽기 한 해 전에는 믿고 따르던 오빠 허봉이 타지에서 불귀의 객이 되더니 비슷한 시기에 두 아이가 병으로 일찍 죽고 만다. 아래의 시는 그가 두 아이의 죽음을 슬퍼하며 지은 〈곡자(哭子)〉다.

지난해에는 사랑하는 딸 잃고	去年喪愛女
올해에는 사랑하던 아들 잃었네	今年喪愛子
슬프고 슬프다 광릉 땅이여	哀哀廣陵土
두 무덤 마주 보고 서 있구나	雙墳相對起
쓸쓸한 바람 백양나무에 불고	蕭蕭白楊風
귀신불은 소나무 숲에 떠도네	鬼火明松楸
종이돈 살라 너희 혼 부르고	紙錢招汝魄
맑은 물 따라 너희 무덤에 올리네	玄酒奠汝丘
알고말고 너희의 혼이	應知弟兄魂
밤마다 서로 따르며 노니는 줄	夜夜相追遊
비록 배 속에 아이가 있다 하나	縱有腹中孩
어찌 잘 자라주길 바랄거나	安可冀長成
휘영휘영 슬픈 노래 부르니	浪吟黃臺詞
울음 삼키며 피눈물 흘리네	血泣悲吞聲

거듭된 슬픔을 감당할 수 없어서인가. 허난설헌은 스물일곱 살이 되던 해 꿈에 받아 적었던 시구 그대로 세상을 떠나고 만다. 동생 허균은 그때의 일을 이렇게 기록하고 있다.

누이가 생전 꿈에서 받아 적은 시에 "푸른 바다 아득히 요해(瑤海)에 잠기고 푸른 난새 채색 봉황에 기대었는데 붉은 연꽃 스물일곱 송이 서리 내린 차가운 달빛 아래 떨어지네(碧海浸瑤海 青鸞倚彩鳳 芙蓉 三九朶 紅墮月霜寒)"라고 하더니 이듬해 세상을 떠났다. 3에 9를 곱하면 27로 누이의 나이와 같다. 사람의 일이란 미리 정해진 운명이 있어 피할 수 없음이 이와 같단 말인가?

또 평하기를,

누이의 시는 모두 천성에서 나온 것이다. 유선시(遊仙詩)를 즐겨 지었는데 시어가 모두 맑고 깨끗하여 익힌 음식을 먹는 속인들은 따라갈 수 없다. 문(文)도 우뚝하고 기이한데 사륙문(四六文)이 가장 좋다. 백옥루상량문이 세상에 전한다. 둘째 형(허봉)은 일찍이, "난설헌의 재능은 배워서 이를 수 있는 것이 아니다. 모두 이백과 이하가 남긴 노랫말을 읊은 것이다"라고 평했다. 아, 살아서는 부부 금실이 좋지 못했고, 죽어서는 제사 받들 자식이 없으니 아름다운 구슬이 깨져버린 원통함이 그지없다.

조선의 풍운아,
꿈을 이루기 위해 삶을 던지다

　허난설헌과 함께 이달에게 시를 배운 허균(許筠, 1569~
1618)은, 앞의 두 사람이 여성으로 태어나거나 신분의 한계를 어쩌지
못하여 꿈을 묻을 수밖에 없었던 것과는 달리 뜻을 넉넉히 펼칠 수
있는 운명을 타고난 것처럼 보였다. 양천허씨(陽川許氏) 집안은 "허씨
가 당파의 가문 중에 가장 치성하다"라고 실록에 기록될 정도로 당
대에 손꼽히는 명문가였다. 동인의 영수로 유림의 신망이 높았던 아
버지 허엽은 말할 것도 없고 이복형 허성 또한 이조판서와 병조판서
를 지내며 동인이 남인과 북인으로 갈라진 뒤 남인을 대표하는 인물
이 되었으며, 둘째 형 허봉도 일찌감치 나라의 인정을 받아 스물네
살에 이미 이조좌랑이 되었으니 든든한 배경과 뛰어난 재능을 모두
갖춘 행운아였다고 할 만하다. 하지만 품은 뜻에 비해 조선이라는
나라가 너무 좁았던 것일까. 허균 또한 불행을 피해가지 못했다.
　유몽인의 《어우야담》에는 허균이 아홉 살에 시를 지어 주변 사람
들을 놀라게 했는데, 이때 곁에 있던 이들이 모두 '이 아이는 훗날

문장에 뛰어난 선비가 될 것'이라고 칭찬했지만, 유독 매형 우성전(禹性傳)만은 그의 시를 보고 '비록 문장에 뛰어난 선비가 된다 할지라도 허씨 가문을 뒤엎을 사람도 반드시 이 아이일 것'이라고 말했다는 이야기가 실려 있다. 사실이라면 어린 시절부터 엇갈린 평가를 받은 셈인데 훗날 그의 삶 또한 이 말과 부합하니 아무래도 나중에 지어낸 이야기가 아닐까 한다. 그러나 허균이 스스로 자신의 운명을 풀이한 〈해명문(解命文)〉을 보면 그의 이야기를 빈말로 치부하기에는 너무나 공교롭다.

나는 기사년(1569) 병자월(11월) 임신일(3일) 계묘시에 태어났다. 사주쟁이들이 "신금(申金)이 명목(命木)을 해치고 신수(身數)가 또 비었으니, 곤액이 많고 가난하며 병이 잦고 꾀하는 일들이 이루어지지 않겠다. 그러나 자수(子水)가 중간에 있으므로 수명이 짧지는 않으며, 동쪽으로 흐르는 물이 맑고 깨끗하니 재주가 넘쳐나겠고, 묘금(卯金)이 또 울리므로 이름이 천하 후세에 뿌려질 것이다"라고 했다. 나는 늘 이 말을 의심해왔으나, 출사한 지 17, 8년 이래로 엎어지고 자빠지며 총애와 치욕이 반복되는 일이 암암리에 그 말과 부합하고 보니 이상하기도 하다. 일찍이 살펴보건대 한유(韓愈)와 소식(蘇軾) 또한 마갈(磨蝎)을 신궁(身宮)으로 타고났는데 갈(蝎)은 곧 묘(卯)다. 아, 나 또한 묘시에 태어난 사람으로 문장이나 기개는 진실로 두 공에 감히 미치지 못하나 참소와 시기를 당하여 세상에 드러나지 못하고 억눌리며 배척받아 버려지는 자취는 천 년이 지나도 부절을 합친 듯 꼭 맞으니 아, 괴이하달 수밖에.

스스로 지은 글처럼 허균은 조정에 나아간 뒤로 온갖 시기와 비방에 시달리며 여러 차례 관직을 삭탈당하는 어려움을 겪는다. 1594년에 과거에 급제한 뒤 세자시강원설서와 예조좌랑을 거쳐 병조좌랑으로 승진할 때까지만 하더라도 그의 벼슬길은 순탄해 보였다. 하지만 1598년 황해도 도사로 부임했을 때 기생과 어울린다는 이유로 파직되었다 복직하더니 이후에도 불교를 숭상한다는 이유, 서얼이나 천민 출신들과 어울린다는 이유, 선현을 모독했다는 이유, 왕명을 거역했다는 이유 등으로 파직과 복직이 반복되었다. 급기야 1610년에는 과거시험 답안지를 채점하면서 자신의 조카를 부정하게 합격시켰다는 혐의를 받아 수십 차례 탄핵을 받고 전라도 익산으로 유배되었다. 이곳에서 문집《성소부부고(惺所覆瓿藁)》를 엮었고 한글 소설《홍길동전》도 이 무렵에 지은 것으로 보인다.

이후에도 멈추지 않고 여러 차례 각종 기행과 파격을 저질렀지만 그를 크게 위태롭게 한 사건은 계축옥사(癸丑獄事)였다. 계축옥사는 1613년에 대북파가 반대 세력인 소북파를 제거하기 위해 일으킨 옥사다. 그해 3월에 박응서를 비롯한 명문가의 서자 일곱 명이 작당하여 문경새재에서 상인을 죽이고 은 수백 냥을 약탈하는 사건이 일어나자 대북파의 모사 이이첨이 이를 역모사건으로 엮어 김제남을 비롯한 영창대군 세력을 제거한 것이다. 그런데 사건의 주모자로 지목된 서자들은 평소 허균과 가까이 지냈을 뿐 아니라 일곱 명 중 심전의 서자였던 심우영이 그의 제자이기도 했다. 때문에 허균이 위험해졌음은 말할 것도 없었으나 당시 허균은 이이첨과 가까이 지내면서 화를 피할 수 있었다.

극적으로 위기를 모면한 그는 그해 예조참의를 거쳐 이듬해 호조참의에 제수되었다가 명나라에 다녀온 뒤 1616년에 형조판서가 되고 1617년에 예조판서에 오른다. 그동안 한두 차례 사건에 연루되어 유배를 당하기도 하고 강등되기도 했으나 광해군의 두터운 신임을 받아 금방 복직되었다. 하지만 그 과정에서 권신 이이첨과 사이가 조금씩 벌어졌고 급기야 허균의 딸이 세자의 후궁으로 들어가기로 내정되면서 두 사람은 적대관계가 된다. 그러던 중 1618년 8월 10일 남대문에 '포악한 임금을 치러 하남 대장군이 곧 올 것'이라는 벽서가 붙는다. 조사 결과 벽서를 붙인 자가 허균의 심복이었던 현응민(玄應旻)으로 드러났고 허균은 벽서 작성자로 지목되어 8월 16일 의금부로 압송된 뒤 국문을 받고 8월 24일 능지처참을 당했다. 그의 나이 49세였다.

그가 과연 역모를 꾸몄는지 아니면 억울하게 모함을 당해 죽었는지는《광해군일기》를 살펴봐도 확실치 않다. 하지만 사람을 모아 거사를 도모한 구체적인 정황이 있는 것을 보면 그가 실제로 반역을 도모했을 수도 있다. 만약 그렇다면 그가 이루고자 했던 것은 반역이 아니라 혁명이었을 것이다. 그는 일찍이 단종을 애도하는 〈조의제문(弔義帝文)〉을 지어 뭇 사람에게 충절의 상징으로 받들어졌던 김종직을 두고 명예를 훔치는 도적이라고 신랄하게 비판하지 않았던가. 아마 그는 충절을 지키는 사직의 신하는 아니었을 것이다. 그는 오히려 자신의 운명을 받아들이지 않고 온 삶을 내던져 세상을 변혁하려 했던 혁명가에 가까웠다. 그는 이렇게 말한다.

법이나 지키면서 시키는 대로 일하는 백성은 항민(恒民)이다. 이들은 두렵지 않다. 모질게 **빼앗겨** 윗사람을 원망하고 탄식하는 백성은 원민(怨民)이다. 이들도 두려워할 만한 이가 아니다. 다만 자취를 푸줏간에 숨기고 몰래 딴마음을 품고 천지간(天地間)을 흘겨보다가 혹 시대의 변고라도 생기면 자기가 바라는 바를 실현하고 싶어 하는 사람들은 호민(豪民)이다. 호민은 몹시 두려워해야 할 사람이다. 호민이 나라의 허술한 틈을 엿보고 편승할 만한 형세를 노려 팔을 휘두르며 밭두렁 위에서 한 차례 소리 지르면, 원민과 항민들도 제 살길 찾느라 호미와 고무래를 들고 따라와 무도한 놈들을 쳐 죽이지 않을 수 없는 법이다.

엄격한 신분제 사회에서는 누구도 감히 입 밖에 낼 수 없었던 이야기다. 그가 바라던 세상은 아마도 스승 이달이나 누이 허난설헌처럼 아름다운 재능을 가진 자가 배척되거나 부서지지 않는 세상, 나아가 양반과 상민, 부자와 가난한 자, 적서의 차별이 없는 이상향이었을 것이다.

순자와 이사

뛰어난 스승과
독한 제자

인간은 스승이 없으면 부정해진다

푸른색은 쪽에서 뽑아낸 것이지만 쪽보다 푸르고, 얼음은 물로 만들어진 것이지만 물보다 차다. 곧은 나무를 도지개로 휘어 둥글게 만들면 볕에 말리더라도 다시 펴지지 않는 것은 도지개가 그렇게 만든 것이다. 나무는 먹줄에 맞추면 곧게 자를 수 있고 쇠를 숫돌에 갈면 날카로워지는 것처럼 군자가 널리 배우고 날마다 자신을 돌아보면 지혜가 밝아지고 행실에 허물이 없을 것이다.

이 글은 《순자》〈권학〉편 첫머리에 나오는 군자(君子)의 말이다. 쪽은 여느 풀과 다름없이 초록빛이다. 하지만 거기서 뽑아낸 푸른색 염료는 본래의 초록보다 새파랗다. 마찬가지로 얼음은 물로 만들어졌지만 물보다 차다. 모두 배움의 중요성을 강조한 말로 제자가 스승보다 낫다는 비유로 자주 쓰인다. 이 말을 남긴 이가 바로 순자(荀子, 기원전 313?~238?)다.

순자의 이름은 황(況)이다. 전국시대 조나라의 속국인 순에서 태어나 열다섯 살에 제나라로 유학하면서 천하 곳곳에서 모여든 제나라 직하(稷下)의 학자들과 교류했다. 제나라 위왕 때 건립된 직하의 학궁에는 선왕을 거쳐 양왕 대에 이르기까지 수백 명의 학자들이 모여들었다. 일찍이 맹자가 머문 적이 있었고 음양가인 추연(騶衍)이 있었으며 익살과 다변으로 유명했던 변론가 순우곤(淳于髡)과 논리학자 전병(田駢)도 있었다. 양왕 시대에 이르러 그들이 모두 세상을 떠나면서 순자는 직하를 대표하는 학자가 되어 상대부의 직급에 해당하는 좨주(祭酒)를 세 차례나 지냈다. 학자로서는 최고의 영예였다. 사람들은 그를 존경하여 순경(荀卿)이라 불렀으며 왕의 신임 또한 두터웠다.

하지만 명성이 높아지면 시기가 따르는 법이다. 오래가지 않아 제나라 사람들은 그를 비난하기 시작했다. 마침내 그는 초나라의 춘신군이 선비를 우대한다는 이야기를 듣고 제나라를 떠나 초나라로 갔다. 제나라의 맹상군만큼이나 인재를 좋아했던 춘신군은 그를 반갑게 맞이하여 난릉령(蘭陵令)의 직책을 주어 백성을 다스리게 했다. 이로써 순자는 다시 한번 평안한 삶을 누릴 수 있었으나 얼마 뒤 춘신군이 암살당하면서 벼슬에서 물러나 저술에 몰두했다.

세상은 혼란스러웠다. 제후들은 날마다 전쟁을 일으켰고 백성의 삶은 갈수록 피폐해졌다. 전쟁과 폭력이 난무하는 시대에 윤리는 파괴되고 질서는 붕괴되었다. 저마다 살아남기 위해 강한 자는 폭력을 휘둘렀고 약한 자는 속임수로 맞섰다. 현실의 인간군상을 보면서 순자는 인간의 본성을 이렇게 규정했다.

인간의 본성은 악하다. 인간은 태어나면서부터 이익을 좋아한다. 이 본성을 따르기 때문에 다툼이 생기고 사양하는 마음이 사라지는 것이다. 인간의 선행은 본성에서 비롯된 것이 아니라 스승의 가르침을 따른 데서 나온 것이다. 인간은 스승이 없으면 부정해지고 예의가 없으면 난폭해진다. 이제 사람들을 살펴보면 스승의 감화를 받고 학문을 쌓아 예의를 숭상하는 사람은 군자가 되고, 타고난 대로 하고 싶은 것만 하고 예의를 지키지 않는 사람은 소인이 된다. 인간의 본성은 악한 것이 분명하며, 선은 인위적인 것이다.

시대의 혼란을 극복하기 위해 순자는 초나라에서 제자들을 길렀지만 그들은 순자의 가르침을 따르지 않았다. 인의의 길을 버리고 폭력의 힘을 선택한 제자도 있었고, 나라를 위한다는 이름 아래 권모술수를 최고의 가치로 여기는 제자도 있었다. 첫 번째 제자는 이사이고, 두 번째 제자는 한비였다.

편리한 길을 찾아 진나라로 가다

이사(李斯, ?~기원전 208)는 초나라 상채 사람이다. 젊은 시절 고을의 말단 관리였을 때, 집 근처에 살던 더러운 쥐는 사람이나 개를 보면 깜짝 놀라 달아나는데 부잣집 창고에 사는 쥐는 사람을 보고도 태연한 걸 보고 이런 말을 남겼다. "사람이 잘나고 못남도 쥐와 다를 것이 없어서 어떤 곳에 사느냐에 따라 달라진다." 순자가 초나라에 오자 이사는 그를 찾아가 제왕의 치술을 배웠다. 그러나 걸핏하면 인의를 내세우는 스승 순자를 탐탁지 않게 여겼다. 한번은 이렇게 따졌다.

진(秦)나라는 4대에 걸쳐 제후들과 싸워 이긴 결과 군사력은 천하에서 가장 강하고 제후들이 다투어 복종하고 있습니다. 이것은 인의(仁義)로 이룬 것이 아니라 편리한 것으로 일을 처리한 결과입니다.

나름 천하의 형세를 두루 살펴보고 고심한 끝에 내린 회심의 판단이라 자부하며 스승의 인정을 기대했으나 돌아온 반응은 차가웠다.

네가 편리하다고 한 것은 참으로 편리한 것이 아니다. 인의야말로 참으로 편리한 것이다. 인의란 올바른 정치를 펴는 요체다. 올바른 정치가 베풀어지면 백성들이 군주를 좋아하여 그를 위해 죽기를 가벼이 여길 것이다. 진나라가 승리했다 하나 늘 천하가 합세하여 자신들을 공격할까 두려워한다. 이런 군대는 이른바 말세의 군대다. 탕왕이 폭군 걸을 쫓아내고 무왕이 폭군 주를 죽인 것은 인의의 군대다. 지금 너는 근본을 찾지 않고 말단만 뒤지고 있으니 지금 천하가 어지러운 것은 바로 너 같은 자들 때문이다.

그럼에도 이사는 순자의 곁에 머물며 그로부터 글 쓰는 법을 익히고 고대부터 전해 내려오는 예악과 법도에 관한 지식을 배웠다. 하지만 애초부터 넓은 세상에 나가 큰 공명을 세우고 싶었기에 언제든 떠날 준비를 해두고 있었다. 배움을 마친 뒤 이사는 생각했다. 지금의 초나라 왕은 섬기기에 부족한 인물이다. 또 주변의 다른 약소국도 내가 공을 세우기에 마땅치 않다. 결국 가야 할 곳은 당시의 초강대국 진나라밖에 없다. 마침내 이사는 진나라로 가기로 결심하고 스승 순자에게 하직 인사를 올렸다.

때를 얻으면 재빨리 움직여야 한다고 들었습니다. 천하의 제후들이 서로 다투니 유세하는 자들이 때를 얻었습니다. 지금 진왕은 천하를 삼키고자 칭제(稱帝)하면서 나라를 다스리고 있으니 베 옷 입은 선비와 유세하는 이들이 모두 그에게 달려갈 참입니다. 부끄럽기로는 비천보다 더한 것이 없고 슬프기로는 가난보다 더한 것이 없습니다. 오랫동안 비천하고 곤궁한 자리에 머물면서 세상을 그르다 하고 이익을 미워하며 하는 일 없이 가만히 있는 것은 선비의 도리가 아닙니다. 저는 서쪽으로 진나라 왕에게 갑니다.

그의 말투는 마치 스승처럼 무기력한 지식인으로 살지 않겠다고 선언하는 것처럼 경멸로 가득했다. 이렇게 이사는 침을 뱉듯 스승을 버리고 진나라로 떠났다. 순자가 이 무례한 제자에게 무어라 대답했는지는 전하지 않는다.

˙천하통일의 꿈

이사가 진에 도착했을 때 마침 장양왕이 죽고 훗날 시황제가 되는 영정이 왕이 되었다. 이사는 먼저 재상이었던 여불위의 식객이 되어 그의 추천으로 왕을 만날 기회를 얻게 되었다. 이사는 왕을 만나 이렇게 말했다.

기다리기만 하면 기회를 놓칩니다. 옛날 진나라 목공은 서쪽의 패자가 되었지만 끝내 제후국들을 멸망시키고 천하를 통일하지 못했습니다. 당시에는 제후국의 수가 아직 많았고 천하가 여전히 주나라를 종주국으로 떠받들었기 때문입니다. 그런데 진나라 효공이 세력을 떨친 이후에는 주나라 왕실의 권위가 떨어졌고, 이제 제후국 여섯 개만 남았습니다. 따라서 진나라는 지금 당장 기세를 몰아 나머지 제후국을 멸망시키고 천하를 통일해야 합니다. 제후들이 다시 강성해져서 서로 연합하여 진나라에 대항한다면 다시는 천하를 통일할 수 없게 될 것입니다.

진왕은 이사의 말을 옳게 여겨 그를 장사(長史)로 삼아 천하통일의 계책을 세우게 했다. 이사는 모사들을 제후국에 보내 명사들을 재물로 매수하고, 혹 받지 않는 자는 자객을 보내 죽였다. 또 임금과 신하 사이를 이간한 다음 군대를 보내 토벌하게 했다. 이사는 이와 같은 계책으로 제후국의 세력을 약화시켜 진나라가 천하를 통일할 수 있는 기반을 닦아 나갔다. 이렇게 하니 제후국은 모두 진나라를 두려워하며 다투어 복종해왔다. 공로를 인정받은 이사는 객경으로 대우받았고 오래지 않아 요직인 정위(廷尉)에 올라 진나라의 정책을 좌우하게 되었다.

위기가 없었던 것은 아니다. 이 무렵 한나라 출신 정국(鄭國)이 운하를 건설하여 진나라의 국력을 소진시키려 하다가 발각되어 처벌받는 일이 일어났다. 왕족들이 일제히 들고일어나 진나라 출신이 아닌 자들은 모두 쫓아내는 축객령(逐客令)을 내려야 한다고 진왕에게 요청했다. 이사는 자신도 축객 명단에 포함되어 있는 것을 알고 글을 올려 축객의 부당함을 항변했다.

신은 듣건대 관리들이 축객을 논한다고 하니 크게 잘못된 일입니다. 옛날부터 진나라의 훌륭한 군주들은 모두 외국 출신을 등용하여 성공했습니다. 신은 "땅이 넓으면 곡식이 많고, 나라가 크면 사람이 많고, 군대가 강하면 병졸이 용감하다"고 들었습니다. 태산은 한 덩어리의 흙도 버리지 않기 때문에 저토록 높을 수 있고, 바다는 작은 물줄기도 마다하지 않기 때문에 이토록 깊을 수 있으며, 임금은 한 명의 백성도 물리치지 않기 때문에 덕을 밝힐 수 있는 것입니다. 지금 진나라가 백성을 버려서 적국을 이롭게 하고, 객을 물리쳐 제후에게 공을 세우게 하며, 천하의 인재로 하여금 물러나 감히 서쪽으로 향하지 못하게 하고, 발을 묶어 진으로 들어오지 못하게 한다면 이것은 이른바 '적에게 병사를 빌려주고 도적에게 양식을 보내는 것'입니다. 무릇 진나라에서 생산하지 않는 물건 중에 보배가 많으며, 진에서 태어나지 않은 인재 중에 충성을 바치는 사람이 많습니다. 지금 객을 축출해 적국을 이롭게 하고, 백성을 줄여 원수에게 보태주어 안으로는 인재가 텅 비게 하고 밖으로는 제후들의 원망을 사면, 나라를 구하고 위태로움이 없게 하려고 해도 할 수 없을 것입니다.

스승 순자의 영향이 고스란히 드러나는 명문이었다. 글을 읽고 마음이 움직인 진왕은 축객령을 해제하고 이사를 복직시켰다. 이사는 다시 천하통일의 계책을 추진할 수 있었다.

또 다른 위기는 순자의 문하에서 함께 배웠던 한비가 진나라에 오면서 일어났다. 일찍이 한비의 글을 읽고 크게 감명받은 진왕은 글 쓴 사람을 한번 만나보면 죽어도 여한이 없겠다는 말까지 했다. 이사가 글쓴이가 한비라는 사실을 알리자 진왕은 한나라를 위협하여 그를 진나라로 보내게 했다. 한비가 오자 이사는 불안했다. 그가 진나라에 머물게 되면 자신의 지위가 흔들릴 수 있다고 생각했기 때문이다. 고향에서 스승 순자에게 배울 때에도 한비는 늘 자신보다 뛰어나지 않았던가. 이사는 진왕에게 이렇게 말했다. 한비는 한나라의 공족이기에 끝내 한나라를 위해 일할 사람이므로 등용하지 말아야 하고, 그를 그대로 돌려보내면 진나라에 위협이 될 것이니 죄를 주어 죽이느니만 못하다고. 결국 한비는 옥에 갇힌 채 이사가 보낸 독약을 먹고 죽었다.

그 뒤 20여 년 만에 진나라는 마침내 천하를 통일하여 왕을 높여 황제라 일컫고 이사를 승상으로 삼았다. 이로써 이사는 진제국의 2인자가 된 것이다. 시황제 34년(기원전 213)에 제나라 사람 순우월이 시황제에게 이렇게 간했다.

과거 은나라와 주나라가 천 년에 걸쳐 유지될 수 있었던 것은 자제들과 공신들을 책봉하여 왕실을 받들게 했기 때문입니다. 그런데 지금 폐하께서는 천하를 차지하셨는데도 폐하의 자제들을 제후로 책봉하지 않고 있습니다. 이런 상황에서 만약 반란이 일어나면 어떻게 황실을 지킬 수 있겠습니까. 어떤 일이든 옛날을 본받지 않으면 오래갈 수 없습니다. 폐하께서는 옛날 일을 본받아 천하를 다스리시기 바랍니다.

시황제는 승상 이사에게 이 문제를 검토하게 했다. 그런데 이사는 순우월의 건의가 타당하지 않다고 물리치고는 이렇게 권고했다.

학문을 연구하는 자들은 새 법령을 내릴 때마다 자기가 배운 것을 기준으로 비판합니다. 이런 일을 금지하지 않으면 위로는 황제의 권위가 떨어지고 아래로는 당파가 생겨 천하가 어지러워질 것입니다. 신은 죽음을 무릅쓰고 간합니다. 시서(詩書)와 백가(百家)의 저술을 모두 폐기하여 다시는 옛것을 가지고 지금의 일을 비난하지 못하도록 하십시오.

시황제는 이번에도 이사의 견해를 받아들였다. 시서와 백가의 저술을 불태우고 암송한 자들을 생매장하는 분서갱유는 이렇게 해서 일어났다. 스승 순자가 그렇게도 아끼던 유가의 문헌을 불태운 것은 걸핏하면 유가의 시서를 이야기하며 자신을 질책하던 스승 순자에 대한 보복이기도 했다. 이후 진나라는 이사의 정책에 따라 백성들을 어리석게 하는 '우민정책'을 펼치는 한편 법령을 정비하고 문자를 통일했다. 또 시황제는 정기적으로 영토를 순행하면서 사방의 오랑캐를 쫓아내 국방을 튼튼히 했는데, 이는 모두 이사의 건의에 따른 것이었다. 천하는 평화로웠고, 이사의 지위는 굳건했다.

불행한 최후

이사의 아들들은 모두 진나라의 공주에게 장가들었으며 딸들 또한 진나라의 여러 공자에게 시집갔다. 그중 맏아들 이유는 삼천 태수가 되었다. 그가 휴가를 얻어 이사의 집에 와 잔치를 베푸니 백관들이 모두 찾아와 이사의 건강을 기원했다. 문 앞에는 몇천 대의 수레와 말이 늘어서 있었고, 이사를 찾아와 축하하는 사람들의 행렬은 끝이 보이지 않았다. 그 모습을 보고 이사는 문득 이렇게 탄식했다.

옛날 스승 순자는 사물이 지나치게 성대해지는 것을 경계하라고 하셨다. 나는 초나라 시골에 살던 평민에 지나지 않았는데, 이제 황제의 신하로서는 내 위에 설 자가 없으니 부귀를 다했다고 할 만하다. 모든 사물은 극에 이르면 쇠퇴하는 것이 순리다. 이제 이 몸의 끝이 어떻게 될지 나도 알 수가 없구나.

이사는 자신의 운명을 예감했던 것일까? 겹겹의 영예와 막대한 부를 누리던 그의 삶은 시황제가 세상을 떠나면서 무너지기 시작했다. 시황제가 죽은 뒤, 이사는 환관 조고와 결탁하여 시황제의 2세인 호해를 황제로 세우고 얼마간 영화를 누렸다. 하지만 호해의 무능과 이사의 가혹한 법률정치로 백성들의 삶은 갈수록 피폐해졌다. 길에 다니는 사람 중 절반 정도가 형벌을 받은 적이 있었고, 처형된 시신들이 날로 저자에 쌓여갔으며 사람을 많이 죽인 자일수록 고위직에 올랐다.

천하는 다시 어지러워졌다. 반란은 이사의 고향 초나라에서 시작되었다. 초 땅의 수비병이었던 진승과 오광의 봉기를 시작으로 천하의 준걸들이 저마다 일어나 후왕(侯王)을 자처하며 진나라에 반기를 들었다. 이사는 여러 차례 사태의 심각성을 황제에게 알리고 반란을 진압해야 한다고 간했으나 호해는 조고의 말만 믿고 따르지 않았다. 2세 황제는 궁궐 깊숙이 머무를 뿐 조정에 앉아서 대신들을 만나지 않았다. 조고는 항상 황제를 안에서 모시며 일을 처리했고, 정사는 모두 조고에 의해 결정되었다. 황제의 신임을 잃은 이사는 결국 조고의 모략에 걸려 하옥되었다. 이사는 옥중에서 황제에게 용서를 구하는 글을 올렸다.

신이 승상이 되어 백성들을 다스린 지 30년이나 되었는데, 그때는 아직 진의 영토가 좁았습니다. 신은 변변치 못한 재주를 다해 삼가 법령을 받들고, 남몰래 지모가 있는 신하를 보내어 보석을 가지고 가 제후들을 설득하게 했습니다. 또 남몰래 군비를 갖추고 정치와 교육을 정비했으며, 투사에게 벼슬을 주고 공신을 존중해 직위와 녹봉을 충분히 주었습니다. 그리하여 한(韓)을 위협하고 위(魏)를 약화시켰으며, 연(燕)과 조(趙)를 깨뜨렸고 제(齊)와 초(楚)를 평정했고, 끝내 여섯 나라를 병합하여 그 나라의 왕들을 사로잡았고, 진(秦)을 내세워 천자가 되게 했습니다. 북쪽으로는 호(胡)와 맥(貉)을 쫓아냈고, 남쪽으로는 백월(百越)을 평정해, 진의 강성함을 보여주었습니다. 대신들을 존중해 그들의 직위를 만족시켜서, 군신관계의 친밀함을 공고히하고, 사직과 종묘를 세워 황제의 현명함을 밝혔습니다. 눈금을 고치고 되[升]와 자[尺]의 단위를 통일시켜, 그것을 천하에 널리 반포해 진의 명성을 다졌습니다. 이렇게 만백성이 황제를 받들어 죽어도 그 은혜를 잊지 않도록 했습니다. 이것이 저의 죄입니다. 신하 된 몸으로서 죄를 지었으니 저는 이미 오래전에 죽어 마땅하였습니다. 다행히

폐하께서 저의 능력을 다할 수 있게 하시어 지금에까지 이르렀으니,
폐하께서 이를 굽어 살펴주시기 바라옵니다.

하지만 조고는 이 글을 황제에게 올리지 않았고, 이사는 삼족(三族)이 죽임을 당하는 형벌을 받았다. 영욕으로 점철된 삶이었다. 스스로 말한 것처럼 진왕을 도와 천하를 통일하는 꿈을 이루었으나, 스승을 배신하고 고전을 불태웠을 뿐 아니라 마침내 동문에서 수학한 벗까지 죽이기에 이르렀다. 야욕은 넘쳤고 몰아치듯 한 시대를 손아귀에 넣고 흔들었으나 역사는 그를 성공한 인물로 기록하지 않는다. 다 이룬 듯 보였으나 결국 모든 걸 망쳤다. 그로 인해 순자는 불행한 스승이 되고 말았다. 성악설의 비관은 적중했고 청출어람의 희망은 절망으로 바뀌었으니.

박지원, 이덕무, 박제가

서로 기대며
실학을 꽃피우다

자유로운 영혼, 박지원

1793년 정월 25일, 청장관 이덕무가 세상을 떠났다. 평생 가난하게 살면서도 범속한 이들은 감히 흉내 내지 못할 만큼 아름다운 글을 지어 박지원으로부터 조선의 국풍(國風)이라는 찬사를 들었던 그다. 막역지우였던 박제가는 깊은 슬픔에 빠졌다. 두 사람의 관계를 누구보다 잘 알고 있던 스승 박지원은 박제가를 위로하며 좋은 벗을 잃어 세상에 외로운 신세가 되었으니 입이 있어도 함께 음식을 먹을 이가 없고 마음이 있어도 함께 나눌 이가 없게 되었다며 슬픔을 함께했다. 박지원은 〈형암행장(炯菴行狀)〉에서 이덕무의 삶을 다음과 같이 기록했다.

무관(懋官, 이덕무의 자)은 젊은 시절부터 가난을 편안하게 여겼다.

더러는 해가 저물도록 밥을 짓지 못했고, 더러는 추운 겨울에도 온 돌에 불을 때지 못했다. 벼슬을 할 때도 제 몸을 돌보지 않아 거처와 의복이 전과 다를 것이 없었고 '기한(饑寒, 배고프고 추움)'이라는 두 글자를 입 밖에 내지 않았다. 그러나 기질이 본래 부녀자나 어린 아이처럼 여렸는데, 나이가 들면서 자신도 모르는 사이에 건강을 해친 지 오래였다. 겨울에 날씨가 몹시 추우면 나무판자 하나를 벽에 괴고 그 위에서 자곤 했는데, 얼마 있다가 병이 나자 병중에도 앉고 눕고 이야기하는 것이 오히려 태연자약했다. 임종에 이르러서는 의관을 가지런히 갖추고 홀연히 세상을 떠나니, 때는 계축년(1793) 1월 25일이요, 향년은 겨우 53세였다. 2월에 광주(廣州) 낙생면(樂生面) 판교(板橋) 유좌(酉坐)의 언덕에 장사 지냈다.

이덕무와 박제가 두 사람의 스승이었던 박지원(朴趾源, 1737~1805)은 자가 중미(仲美), 호가 연암(燕巖)으로 반송방 야동(서소문 밖 풀무골)에서 태어났다. 아버지 박사유(朴師愈)는 벼슬하지 않았지만 할아버지 박필균(朴弼均)은 영조 시대에 문과에 급제하여 호조참판과 병조참판을 거쳐 돈녕부지사가 되었고, 위로는 조선시대를 통틀어 수많은 인재를 배출한 명문가였다. 박지원은 초시에서 장원을 차지해 영조의 총애를 받으면서 일찌감치 벼슬길이 보장되었으나 벼슬에 뜻이 없어 회시에 응시하지 않았다. 대신 신분의 고하나 적서를 가리지 않고 뜻이 맞는 이들과 자유롭게 어울렸다. 특히 이덕무, 유득공, 백동수 등과 마음을 터놓고 교유했다.

이덕무와 유득공은 박제가, 이서구와 함께 이른바 사가시인(四家詩人)으로 불릴 정도로 문장이 뛰어났고, 백동수는 당시 창검의 일인자로 꼽히던 무인이지만 모두 서출로 천대받던 이들이었다. 그는 이들과 무람없이 어울리며 묘향산에서 가야산에 이르기까지 전국의 명산을 유람하는가 하면 평양과 개성, 화양과 단양을 돌아다니며 시를 쓰고 문장을 지었다.

박지원은 행랑채 하인, 참외 파는 사람, 돼지 치는 사람과도 허물없이 사귀었다. 그의 글에 떠돌이 거지나 이름 없는 농부, 땔나무 하는 사람, 시정의 왈패 등 하층민이 주인공으로 등장하는 까닭은 이처럼 신분이 낮은 이들과 허물없이 어울렸기 때문이다.

이를테면 그는 〈광문자전(廣文者傳)〉에서 거지 광문의 행동에서 공맹의 도리를 찾고, 〈마장전(馬駔傳)〉에서는 말 거간꾼한테서 다시없는 우정을 찾았다. 반면 사대부를 소재로 한 글에서는 신랄한 풍자로 위선적인 지식인들을 비웃었다. 그는 1780년에 족형 박명원(朴明源)을 따라 청나라에 가 청조의 문물을 접하고 돌아온 뒤 《열하일기(熱河日記)》를 집필하여 조선의 지식인들을 일깨웠다. 이후 홍대용, 이덕무, 박제가, 유득공 등 청나라에 다녀온 이들과 어울리면서 좁은 세계에 갇혀 있던 조선에 새로운 학풍을 일으켜 부국을 이룩하고

자 하는 북학의 꿈을 키워갔다.

[•]책만 보는 바보 이덕무

박지원이 최고의 문장가로 꼽았던 이덕무(李德懋, 1741~
1793)는 적자가 아니었다. 아버지는 조선의 2대 왕인 정종의 서자 무
림군의 후손 이성호(李聖浩)로 왕실의 종친이었지만 어머니는 본부인
이 아니었다. 첩의 자식으로 태어난 것이다. 이덕무의 자는 무관(懋
官), 호는 아정(雅亭), 형암(炯菴), 청장관(靑莊館) 등이다. 그가 즐겨 썼
던 호는 청장관인데, 청장은 해오라기를 가리킨다. 이 새는 먹이를
잡으러 다니지 않고 물가에 가만히 서 있다가 다가오는 먹이만 먹고
사는 청렴한 새로 알려져 있다. 그가 이 호를 즐겨 쓴 것도 재물이나
이익에 관심을 두지 않고 오로지 좋아하는 책을 읽고 글 쓰는 일로
평생을 보낸 자신과 닮았다고 생각했기 때문일 것이다.

그는 당시 조선에서 책을 가장 많이 읽는 사람으로 꼽혔다. 박지
원이 쓴 행장에 따르면 그는 예닐곱 살 때부터 글을 짓기 시작했고
평생 책 읽기를 좋아했다. 한번은 집안사람들이 그를 찾지 못하다가
저녁 무렵에야 대청 벽 뒤의 풀 더미 속에서 발견했는데, 벽에 도배
지로 바른 고서를 읽고 있었다고 한다. 집안이 몹시 가난하여 두어

칸의 허물어진 가옥에 끼니를 거르는 때가 많았지만 편안하게 받아들여, 남들에게 근심하는 빛을 보이지 않았다. 이처럼 세상의 이해, 가무와 여색, 애완물, 잡기 따위에 일체 관심을 두지 않고 오직 책만 보았기에 사람들은 그를 간서치(看書癡, 책만 보는 바보)라 불렀다. 그는 〈간서치전〉을 지어 스스로 이렇게 이야기했다.

목멱산 아래 어떤 바보가 살았는데, 말을 잘 못하고 성질이 졸렬하고 게을러 세상일을 잘 모르고, 바둑이나 장기는 더욱 알지 못했다. 남들이 욕을 해도 변명하지 않고, 칭찬을 해도 우쭐대지 않으며 오직 책 보는 것으로 즐거움을 삼아 추위나 더위나 배고픔을 전연 알지 못했다. (…) 두보의 시를 더욱 좋아하여 앓는 사람처럼 웅얼거리고, 깊이 생각하다가 심오한 뜻이라도 깨우치면 벌떡 일어나 이리저리 돌아다녔다. 또 조용히 아무 소리 없이 눈을 크게 뜨고 멀거니 보기도 하고, 혹은 꿈꾸는 사람처럼 혼자서 중얼거리기도 하니, 사람들이 그를 간서치라 했다.

그가 얼마나 가난하게 살았는지는 시집간 누이동생의 죽음을 애도하는 〈제매서처문(祭妹徐妻文)〉에 여실히 드러나 있다. 여섯 살 아래였던 그의 누이는 영양실조에 걸려 폭우가 쏟아지던 어느 여름날 숨을 거두었다. 죽기 전날 남편에게 마지막으로 한 말은 "저녁을 드

12

서야지요"였다고 한다. 제문에는 전날부터 집안 식구들 모두 밥을 굶었다 하니 죽으면서도 편안히 눈을 감지 못했을 것이다.

서얼 출신이라 벼슬에 나가지 못했던 이덕무는 정조의 배려로 박제가와 나란히 규장각 검서관이 되면서 형편이 조금 나아졌다. 소식을 들은 박지원은 홍대용에게 보낸 편지에서 그들의 발탁을 기뻐하며 이렇게 썼다.

> 형암(炯菴, 이덕무)과 초정(楚亭, 박제가)이 관직에 발탁된 것은 기특한 일이라 할 만합니다. 태평성대에 뛰어난 재주를 지니고 있으니 버림 받지 않는 것이 마땅합니다. 이제 하찮은 녹이나마 얻었으니 굶주리지 않게 되어 다행입니다. 어찌 사람이 허물 벗은 매미가 나무에 달라붙거나 구멍 속 지렁이가 지하수만 마시듯 살라고 요구할 수야 있겠습니까. 다만 그들은 청나라에서 돌아온 이래로 안목이 더욱 높아져 뜻에 맞는 일이 드문 것이 염려됩니다.

박지원은 그들의 고매한 뜻을 높이 평가하면서도 한편으로는 세상 사람과 어울리지 못하는 성정을 안타까워했던 것이다. 이덕무는 일찍이 〈천애지기서(天涯知己書)〉라는 글에서 벗을 그리워하는 마음을 담아냈다.

만약 한 명의 지기를 얻게 된다면 나는 마땅히 10년간 뽕나무를 심고 1년간 누에를 쳐 손수 오색실을 물들이리라. 열흘에 한 가지 색을 물들이면 50일에 다섯 가지 색을 이루리라. 따뜻한 봄볕에 쬐어 말린 뒤 여린 아내를 시켜 백 번 단련한 강한 바늘로 내 지기의 얼굴을 수놓게 하여 귀한 비단으로 장식하고 오래된 옥으로 축을 만들어 우뚝하게 솟은 높은 산 넘실대며 흘러가는 강물이 있거든 그 사이에 펼쳐놓고 말없이 마주 보다가 어슴푸레 저물녘 되면 품고서 돌아오리라.

오로지 글을 읽으며 삶의 기쁨을 느끼던 그가 얻고자 한 단 한 명의 지기는 바로 박제가였다. 박제가는 이덕무를 두고 몸은 연약하나 정신은 강건하고 외모는 차가우나 마음은 따뜻한 사람이라며 비록 지금 세상에서는 숨어 살지만 옛날에 태어났다면 지조 높은 선비로 우러름을 받았을 것이라 했다. 두 사람은 함께 글을 읽고 시를 지으며 허물없이 지냈지만 서로를 경계해주는 일도 게을리 하지 않았다.

한번은 박제가가 술에 취해 안장 없는 말을 타고 이서구의 집을 찾아갔다. 그 소식을 들은 이덕무는 편지를 보내 달밤에 술 취해 안장 없는 말을 타는 일은 선비의 도리가 아니라고 꾸짖었다. 그들은 눈 오는 새벽이나 비 오는 저녁에도 한번 만나면 며칠 밤낮을 연이

12

어 시와 글을 읽으며 서로의 마음이 꼭 맞는다는 사실을 확인하곤
했다.

북학의 꿈을 꾼 박제가

이덕무의 벗이자 박지원의 제자인 박제가(朴齊家, 1750~
1805)는 자가 수기(修其), 호는 정유(貞蕤) 또는 초정(楚亭)이다. 서울에
서 태어났다. 아버지는 우부승지를 지냈던 박평(朴坪)으로 5대째 내
리 문과에 급제한 명문의 일족이었지만 어머니 이씨는 박평의 본부
인이 아니었다. 그 또한 서출이었던 것이다. 어린 시절부터 한집에
살던 고종사촌 김복휴(金復休)를 스승으로 모시고 글을 배워 시와 문
장, 그림에 뛰어난 재능을 보였다. 하지만 서출이라는 이유로 가족
과 이웃으로부터 차별과 천대를 받으며 자랐다. 열한 살 때 아버지
가 세상을 떠나자 어머니는 집을 나와 삯바느질을 하며 그를 키웠
다. 성장할수록 세상의 차별은 심해지기만 했다.

그 때문에 백 세대 이전의 인물에게나 흉금을 터놓을 뿐 당대에
뜻이 맞는 이가 없음을 한탄하며 고독하게 살았다. 그러다가 열일곱
살 무렵 같은 서얼 출신 이웃으로 친하게 지내던 백동수의 집에 들
렀다가 이덕무를 만났다. 두 사람은 첫 대면에 시와 문장을 주고받

은 뒤 바로 의기투합하여 평생의 지기가 되었다. 이후 박제가는 이덕무와 몇 날 며칠이고 함께 머물며 고금의 문장과 치란을 이야기하며 밤을 지새우는 일이 많았다. 이덕무의 소개로 유득공, 서상수, 이응정, 이희경 등 서출 문인들과 어울리며 시를 쓰고 문장을 짓기 시작했다.

1768년 열아홉 살 때 마침 그들이 사는 집 근처로 박지원이 이사를 왔다. 박제가는 이덕무의 소개로 그를 찾아갔다. 박제가가 찾아왔다는 전갈을 들은 박지원은 옷깃을 채 여미지 않은 채 뛰어나와 그를 반겼다. 그때의 일을 박제가는 이렇게 썼다.

내 나이 열여덟, 열아홉 살 때 미중 박지원 선생의 문장이 뛰어나 세상에 명성이 있다는 말을 듣고 마침내 백탑 북쪽에 살던 선생을 찾아갔다. 선생은 내가 왔다는 말을 듣고 옷깃을 채 여미지도 못한 채 황급히 나와 마치 옛 친구를 만난 듯 내 손을 잡았다. 선생은 자신이 지은 글을 모두 꺼내 나에게 보여주셨다. 이어 몸소 쌀을 씻어 다관(茶罐)에 밥을 안치고 깨끗한 사발에 퍼서 옥 소반에 받쳐 내오곤 술잔을 들어 나를 격려해주셨다. 너무나 뜻밖의 환대에 놀라고 기뻤던 나는 천고 이전에나 있었을 아름다운 일로 여겨 문장을 지어서 응답했다.

박지원의 인품과 문장에 빠져든 박제가는 이후 죽을 때까지 제자이면서 벗으로 교유하게 된다. 두 사람은 사제지간이었지만 격식에 얽매이지 않았다. 한번은 박지원이 박제가에게 돈을 꿔달라는 편지를 보냈다.

지금 내가 처한 곤경은 공자가 진나라 채나라 사이에서 당한 것보다 심하지만 도를 실행하느라 그런 것은 아니네. 만약 안회의 가난에 함부로 견주면 즐기는 것이 무어냐고 물을 테지. 어쩌겠나. 무릎을 굽히지 않은 지 오래된지라 나처럼 청렴한 이도 없으니 말이야. 절하며 부탁하노니 돈 좀 꿔주게. 많으면 많을수록 좋다네. 이참에 빈 술병도 함께 보내니 술도 가득 채워 보내줌이 어떠한가?

자신의 궁핍함을 넌지시 공자의 곤경과 안회의 가난에 견주며 익살을 떠는 스승의 편지에 박제가는 이렇게 답신을 보냈다.

장맛비가 열흘 동안 내렸으니 제가 밥이라도 싸들고 찾아뵈어야 하는데 그렇게 하지 못해 송구합니다. 돈 200전을 편지를 가져온 하인에게 보냅니다. 술은 보내지 못합니다. 세상에 양주의 학은 없는 법이지요.

양주의 학은 중국 고사에 나오는 이야기다. 옛날 몇 사람이 모여 소원을 말해보기로 했는데, 한 사람은 양주자사가 되고 싶다 했고 다른 사람은 돈을 많이 벌고 싶다 했고 또 한 사람은 학을 타고 하늘을 훨훨 날고 싶다고 했다. 그러자 곁에 있던 사람이 자신은 허리에 돈을 두르고 학을 타고 양주로 가서 자사가 되고 싶다고 했다. 박제가는 스승에게 돈도 바라고 술도 바라니 양주의 학처럼 욕심이 지나치다고 농을 한 것이다. 두 사람은 이렇듯 허물없이 사귀며 평생을 함께했다.

정조의 죽음과 북학의 좌절

박제가는 이후 박지원을 통해 홍대용을 만나 교유하게 되었다. 홍대용 또한 박제가의 뛰어난 자질에 매료되어 물심으로 그를 도와주었다. 홍대용은 일찍이 세손익위사를 지내면서 정조와 세손 시절부터 돈독한 관계를 유지하고 있었다. 정조는 홍대용으로부터 재능이 있음에도 세상에 쓰이지 못하는 서출들의 이야기를 듣고 언젠가는 그들의 길을 열어주겠다는 생각을 품었다. 이후 임금이 된 정조는 규장각을 설치하고 서출이라도 재능이 있는 자들을 등용할 수 있는 제도적 기반인 〈서류소통절목(庶類疏通節目)〉을 반포했다.

이에 따라 이덕무, 박제가, 유득공이 검서관으로 발탁되어 궁궐에 들어갔다.

박제가에 대한 정조의 사랑은 각별했다. 하루는 정조가 박제가의 집에 들렀는데 마당에 있는 커다란 소나무를 보고 어애송(御愛松)이라고 이름을 지어주었다. '사철 푸른 초목'을 뜻하는 그의 호 정유(貞蕤)는 여기에서 따온 것이다. 박제가는 정조를 알현할 때마다 조선의 가장 큰 폐단은 가난이고 가난을 구제하는 방법은 청나라와 통상하는 것이라고 진언했다. 그의 꿈 북학은 그렇게 무르익어 가는 듯 보였다.

하지만 1800년 6월 28일 정조가 48세를 일기로 세상을 떠났다. 그를 믿고 의지해왔던 서얼 출신 신하들에게는 하늘이 무너지는 슬픔이었을 것이다. 박제가는 다음과 같은 만사(輓詞)를 써서 슬픔과 그리움을 표현했다.

성인이 있다는 말은 들었지만	蓋聞有聖人
우리 임금으로 만날 줄 몰랐네	躬親見我后
밝은 명성은 하늘처럼 높았고	聲明極天高
은택은 땅만큼 두터웠네	惠澤蟠地厚
호탕한 군자의 풍모여	浩蕩君子風
깊은 정 잘 익은 술 같았지	絪縕太和酒

누구도 처음과 끝을 알 수 없으니　　　　　　　　疇能測端倪

영원히 북두처럼 우러르리라　　　　　　　　　　万世仰衡斗

　정조의 죽음은 슬픔만으로 끝나지 않았다. 이듬해 신유옥사가 일어나 이가환, 이승훈, 정약종이 처형되었고 정약전, 정약용 두 형제는 겨우 목숨을 건져 유배 길에 올랐다. 박제가 또한 같은 해 9월에 사돈이자 친구였던 윤가기가 흉서 투척 사건의 주모자로 지목되어 처형되면서 의금부에 붙잡혀가 조사를 받게 된다.

　의금부의 취조는 그 스스로 죽음과 입을 맞추었다고 말할 정도로 혹독했다. 모진 매질에 살이 터지고 피가 흘러 감옥 바닥에 흥건했다. 하지만 박제가는 끝내 혐의를 부인했다. 확실한 증거가 나오지 않자 집권 세력은 그를 죽이지 않고 함경도 종성으로 유배 보냈다. 한 달 넘게 걸어 도착한 종성에는 고을 원들의 이루 말할 수 없는 핍박과 아전들의 멸시가 기다리고 있었다.

　그러기를 3년여, 《주역》을 읽고 글을 쓰며 갖은 고초를 견디던 그는 1804년 겨울에 비로소 유배에서 풀려나 한양으로 돌아올 수 있었다. 하지만 후유증을 끝내 이기지 못하고 이듬해 4월에 세상을 떠나고 만다. 그 무렵 멀지 않은 곳에서는 그의 스승이었던 박지원이 몸져누워 있었다. 박제가가 세상을 떠났다는 전갈을 듣곤 다시 하늘을 볼 마음이 생기지 않아서였을까. 그 또한 병석에서 일어나지 못하고

6개월 뒤에 세상을 하직했다. 두 사람이 함께한 37년의 세월을 뒤로 하고 나란히 세상을 떠난 것이다. 하지만 이들의 죽음이 곧 북학의 최후는 아니었다. 박제가의 걸출한 제자 김정희가 북학의 꿈을 이어 갔기 때문이다.

신사임당, 이이

가르치고 배우는
어머니와 아들

스승이었던 어머니의 죽음

1551년 5월 17일이었다. 열여섯 살 이이는 평안도에 수운 판관으로 갔다가 임기를 마치고 돌아오는 아버지를 모시고 마포 서강에 이르러 짐을 풀었다. 물품을 점검하던 그는 깜짝 놀랐다. 짐 꾸러미 안에 있던 유기그릇이 벌겋게 녹이 슬어 있었다. 잘 닦아 넣어 둔 그릇에 녹이 슬다니, 불길한 일이었다. 잠시 후 집에서 급히 달려온 하인이 슬픈 소식을 전했다. 어머니 사임당 신씨가 세상을 떠났다는 기별이었다. 이이는 정신이 아득해지고 눈앞이 흐려졌다.

사임당 신씨는 자상한 어머니였지만 동시에 훌륭한 스승이었다. 그의 형제들은 어머니로부터 글씨 쓰기와 그림 그리기를 배웠다. 그런 어머니가 세상을 떠난 것이다. 그는 3년 동안 시묘살이를 하면서 주자의 가례(家禮)에 따라 잠시도 상복을 벗지 않았다. 제수도 손수 장만했고, 그릇 씻는 일도 종들에게 맡기지 않았다. 하지만 열여섯 살의 소년이 감당하기에는 너무 큰 슬픔이었을까. 정성스럽게 삼년상을 치렀는데도 슬픔은 가시지 않았다.

무엇보다 어머니를 다시 볼 수 없다는 사실이 믿기지 않았던 그는 우연히 봉은사에 갔다가 삶과 죽음의 문제를 논한 불경을 읽고 깊은 감명을 받아 속세를 떠날 결심을 하게 된다. 승려가 되어 해탈에 이르면 삶과 죽음의 경계를 넘어설 수 있을 것이라고 생각했기 때문이다. 그는 금강산 암자에 들어가 침식도 잊은 채 열심히 계율을 지키고 선정(禪定)을 닦았다. 틈날 때마다 이름난 고승을 찾아다니며 삶과 죽음의 문제를 토론했다. 하지만 오래지 않아 누구도 삶과 죽음의 문제로부터 자유롭지 못하다는 사실을 깨달았다. 모든 인간은 죽는다. 거기에 예외는 없다. 인간이 할 수 있는 것은 그 경계를 넘어서는 일이 아니라 다만 삶을 성실하게 살아가는 일일 뿐이다. 어머니를 여읜 슬픔으로부터 시작해 삶과 죽음의 문제에 천착했던 그 시기가 그의 삶에서 무용했던 것은 아니었을 테지만, 결국 불교 수행에서 원하는 답을 구하지 못한 그는 집으로 돌아와 다시 유학 공부에 힘썼다.

태임이 되리라

사임당 신씨(師任堂 申氏, 1504~1551)는 강릉 북평촌의 오죽헌에서 딸만 다섯을 둔 집안의 둘째 딸로 태어났다. 아버지 신명화(申命和)는 고려 개국공신 신숭겸의 후손이며 기묘명현(己卯名賢)의 한 사람으로 1516년에 진사에 급제했으나 벼슬길에 나아가지는 않았다. 어머니는 생원 이사온(李思溫)의 외동딸 용인이씨였는데, 이이가 쓴 외할머니에 대한 기록 〈이씨감천기(李氏感天記)〉에 따르면 남편이 위독할 때 남편의 생명을 대신하겠다고 빌어 병을 낫게 한 일로 나라의 정려(旌閭)를 받았다.

열아홉 살에 이원수(李元秀)와 혼인하여 이선, 이번, 이이, 이우의 네 아들과 세 딸을 두었는데 딸들의 이름은 알 수 없다. 다만 맏딸은 매창(梅窓)이란 호를 사용했으며 어머니로부터 글과 그림을 배워 초충도와 매화도를 잘 그렸다.

스스로 지은 사임당은 당호이며, 이름은 전해지지 않는다. 일설에 그녀의 이름이 인선(仁善)이라는 주장이 있으나 확실하지 않다. 당호 사임당은 주나라 문왕의 어머니 태임(太任)을 스승으로 삼는다는 뜻이다. 여성은 누군가의 아내이거나 누군가의 어머니로서만 자신의 존재를 알릴 수 있었던 시대였기에, 문왕이라는 걸출한 인물을 길러 낸 태임에 견주어 자신의 이상을 나타낸 것으로 보인다. 또 다른 당호 임사재(任師齋)도 같은 뜻이다.

어린 시절 그녀는 대부분의 기간을 서울에서 생활했던 아버지와 떨어져 강릉 외가에서 자라며 외할아버지의 훈도를 받아 올곧고 단정한 인물로 성장했다. 특히나 여성임에도 유교 경전을 두루 읽어 의리에 밝았으며 글씨와 그림에 뛰어난 재능을 보였다. 이이가 지은 〈선비행장(先妣行狀)〉에 따르면 그녀는 천성이 온화하고 얌전했으며 지조가 정결하고 거동이 조용했다. 일을 처리할 때 사람들을 편안하게 하고 자상하게 대했으며 말이 적고 행실을 삼가고 겸손하여 아버지 신명화 또한 그녀를 각별히 아꼈다고 한다.

이원수와 혼인한 뒤에도 시가의 허락을 얻어 친정에 머물다가 아버지가 세상을 떠나자 삼년상을 치르고 1524년에 시가가 있는 서울로 갔다가 다시 친정으로 돌아갔다. 1541년 시가의 일을 주관하던 홍씨가 늙어 집안일을 돌보지 못하게 되자 맏며느리 역할을 하기 위해 서울로 가게 되었다. 그전까지는 대부분의 기간을 강릉에서 지냈으며 자녀들 또한 대부분 강릉에서 태어났다.

흰 구름 아래에서 어머니를 생각하다

시가의 살림을 주관하기 위해 강릉을 떠나 서울로 가던 사임당은 대관령을 넘으며 이 시를 지었다.

늙으신 어머님을 고향에 두고 　　　　　慈親鶴髮 在臨瀛

서울을 향하여 홀로 가는 이 마음 　　　　身向長安 獨去情

우리 집 돌아보니 아득하기만 한데 　　　回首北村 時一望

흰 구름만 저문 산을 날아 내리네 　　　白雲飛下 暮山靑

여기서 흰 구름은 당나라 적인걸이 태행산에 오를 때 흰 구름[白 雲]이 보이자, 주위 사람들에게 "저 구름 아래에 어버이가 계시다" 라고 말하면서 구름이 사라진 뒤에야 비로소 길을 떠났다는 고사에 서 따온 구절이다. 그녀 또한 구름이 보이지 않을 때까지 발걸음을 옮기지 못했으리라.

서울의 시가 살이는 고달팠다. 남편 이원수는 성품이 호탕하여 집 안일을 돌보지 않았으므로 살림이 매우 어려웠으며, 벼슬살이로 타 지에 머무는 경우가 많아 거의 혼자서 집안일을 돌봐야 했다. 그럼 에도 그녀는 알뜰한 솜씨로 살림을 꾸리며 위로는 시어머니를 모시 고 아래로는 자녀들을 양육하는 데 빈틈이 없었다. 때로 남편의 잘 못을 간하기도 하고 자녀들을 훈계하기도 했는데 매양 법도를 따랐 으며 종들에게도 함부로 꾸짖는 일이 없어 집안사람들 모두 존경하 고 따랐다.

그녀의 효심은 천성에서 우러나온 것이었다. 평소에도 항상 친정에 홀로 있는 어머니를 그리워하여 밤중에 사람 기척이 조용해지면 눈물을 흘리고 때로는 새벽이 되도록 잠을 이루지 못했다. 하루는 친척 어른을 모시는 여종이 집에 와 거문고를 뜯었는데 그 소리를 듣고 눈물을 흘리며, "거문고 소리가 그리워하는 사람을 느껍게 한다"라고 했다. 고향에 있는 어머니를 생각한 것이다. 그 무렵 지은 시가 〈사친(思親)〉이다.

첩첩 산 너머 천 리 길 내 고향	千里家山萬疊峰
자나 깨나 꿈속에도 돌아가고파	歸心長在夢魂中
한송정 가에는 외로이 뜬 달	寒松亭畔孤輪月
경포대 앞에는 한 줄기 바람	鏡浦臺前一陣風
흰 갈매기 모래톱에 모였다 흩어지고	沙上白鷗恒聚散
고깃배는 바다 위로 오고 가리니	海門漁艇任西東
언제나 다시 강릉 길 밟아	何時重踏臨瀛路
색동옷 입고 앉아 어머니 모실까	更着斑衣膝下縫

1551년 5월 중순에 병마가 사임당을 덮쳤다. 남편 이원수는 평안도에서 일을 끝내고 아들 이이와 함께 막 서울로 돌아오고 있던 참이었다. 병석에 누운 지 이삼일 만에 그녀는 자식들에게 "내가 살지

13

못하겠구나" 하고는 평소처럼 편안하게 잠들었는데 새벽에 세상을 떠났다. 나이 48세였다.

그녀는 묵적(墨迹)이 뛰어나 일곱 살에 안견의 그림을 모방하여 그린 산수도(山水圖)가 세상에 널리 알려졌고, 포도와 벌레 그림은 세상에 시늉을 낼 수 있는 사람이 없을 정도였다. 이이의 손위 누이 이매창과 동생 이우는 시서화로 이름이 널리 알려졌는데 평소 어머니의 가르침에 따라 이룬 결과임은 말할 것도 없다.

하루 한 끼만 먹었던 청빈한 삶

이이(李珥, 1536~1584)의 자(字)는 숙헌(叔獻), 호는 율곡(栗谷)이다. 본관은 경기 풍덕부 덕수현이다. 조부는 이천으로 좌찬성에 증직되었으며, 아버지 이원수는 벼슬이 감찰에 이르렀고 좌찬성에 증직되었다. 어머니는 사임당 신씨로 정경부인에 증직되었다. 1536년 외가인 강릉 북평촌에서 태어났다. 남달리 영리해 말을 배우면서 바로 글을 알았다. 세 살 때 외할머니가 석류를 가리키며 "이것이 무엇 같으냐" 하고 물어보자, 옛 시구를 들어 "석류 껍질 속에 부서진 붉은 구슬(石榴皮裹醉紅珠)"이라 대답하여 주변 사람들을 깜짝 놀라게 했다. 타고난 효심은 어머니를 닮았다. 문인 김장생이 기록한 행장에 따르면 사임당이 몸져누웠을 때 다섯 살이던 이이는 몰래 외할아버지 사당에 들어가 어머니의 회복을 빌었다고 한다.

어린 시절부터 어머니의 교육을 받으면서 자랐는데 열세 살에 진사 초시에 합격한 이래 치르는 시험마다 장원을 놓치지 않았다. 사람들이 그를 구도장원공(九度壯元公)이라 부르게 된 까닭이다. 스물세 살에는 당대의 노사숙유(老士宿儒)로 일컬어지던 이황을 찾아가 가르침을 청하기도 했다. 같은 해 겨울 별시에 응시하여 장원급제했는데 이때의 답안지가 유명한 〈천도책(天道策)〉이다. 이 글은 천도(天道)와 인도(人道)의 관계를 논한 글인데 천도를 묻는 임금의 책문에 대한 답안으로 명나라에까지 알려진 명문이다.

스물아홉 살에 호조좌랑에 임명되어 중앙의 정치무대에 나아간 이래 20여 년 동안 황해도 관찰사, 사헌부 대사헌, 홍문관 대제학, 예문관 대제학, 이조판서, 형조판서, 병조판서 등 요직을 두루 거쳤다. 유성룡의 기록과 김장생이 쓴 행장에 따르면 임진왜란이 발발하기 전에 10만 양병론을 주장하면서 각종 화약 무기를 개발하고 전함을 건조하여 왜의 침략에 대비해야 한다고 주장했다. 당시에는 유성룡을 비롯한 대부분의 조정 신료들이 "아무 일도 없는데 병력을 양성하는 것은 그 자체가 화근"이라고 비판했지만 나중에 전쟁이 일어나자 선견지명을 가진 성인으로 칭송받기도 했다.

그는 하루에 한 끼만 먹었으며 평생 검소한 생활 태도를 바꾸지 않았다. 박제가의 《북학의》에 따르면 이이는 "소가 지어준 곡식을 먹으면서 소의 고기까지 먹는 것은 옳지 않다(食其粟 又食其肉 可乎)"라며 평생 쇠고기를 한 점도 먹지 않았다고 한다.

˙경장의 책을 제시한 경세가

이이는 우계 성혼과 함께 인심도심 논쟁을 벌였던 뛰어난 성리학자였지만 온갖 적폐에 시달리고 있던 당시 조선 사회의 문제점을 누구보다 정확하게 진단하고 경장책(更張策)을 제시한 탁월한 경세가이기도 했다. 경장(更張)이라는 말은 본래 느슨해진 가야금 줄을 다시 팽팽하게 당겨 음을 조율한다는 뜻으로 각종 사회제도를 새롭게 개혁하되 기존 체제를 허물지 않고 재건하는 것을 말한다. 그는 경장을 통해 조선 사회를 재건하고자 선조에게 여러 차례 상소를 올려 나라가 당면한 문제점을 지적하고 백성의 삶을 안정시키기 위한 실질적 정책을 제안하는 한편, 구습을 타파하고 새로운 경제 정책을 시행하도록 간곡하게 주청했다.

법령이 오래되면 폐단이 생기기 마련이고 폐단이 생기면 그 해가 백성에게 돌아갑니다. 그러니 계책을 세워 폐단을 바로잡는 것이 백성을 이롭게 하는 방법입니다. 성상의 전교에 이르시길, "임금은 나라에 의지하고 나라는 백성에게 의지하니, 백관을 두어 여러 직책을 나누어놓은 것은 단지 민생을 위한 것일 뿐이다. 백성들이 동요하고 흔들리면 나라가 장차 어디에 의지할 것인가" 하셨습니다. 신은 엎드려 두 번 세 번 읽어보고 저도 모르게 감격하여 눈물을 흘렸습니다. 크십니다, 임금님의 말씀이여! 한결같으십니다, 임금님의 마음이여! 이것이 참으로 백성들을 편안하게 하고 하늘의 노여움을 되돌릴 수 있는 일대의 기회입니다. 삼대(三代) 이후로 임금과 신하의 직책이 단지 민생을 위해 있다는 것을 알았던 이가 얼마나 되겠습니까. 한갓 착한 마음만으로는 법도가 아니면 미루어 갈 수 없고, 한갓 법도만으로는 착한 마음이 아니면 실천하지 못합니다. 전하께서 백성을 사랑하는 마음이 본디 이와 같은데도 백성을 사랑하는 정치가 여전히 시행되지 못하고 있습니다. 여러 신하가 올린 정책은 단지 끄트머리만 가지런히 하고 그 근본을 헤아리지 않기 때문에 듣기에는 아름다운 것 같지만 실제로 시행할 수 없는 것입니다.

백성들을 잘 다스려 나라의 근본을 튼튼히 해야 한다든지, 국방을 특별히 강조하여 군제를 개혁하도록 주청한 것은 그 적절성이나 절박함 모두 사회적 책임이 있는 사대부로서 본보기가 될 만했다. 그는 백성들이 가난한 이유를 탐관오리들의 상습적 수탈에 있다고 보고 이들을 제압하여 백성의 삶을 구제해야 한다고 주청했다. "참으로 나라에 이익이 되는 일이라면 끓는 가마솥에 던져지고 도끼에 목이 잘리는 형벌을 받게 된다 하더라도 피하지 않을 것"이라며 자신의 제안을 따르면 왕정을 회복할 수 있을 것이지만 그렇게 하지 않으면 "10년을 넘기지 못하고 화란이 일어날 것"이라고 했다. 이 말은 불행히도 적중하여 8년 뒤에 임진왜란이 일어나고 만다.

하루 세끼조차 제대로 먹지 않으면서 나라를 위해 헌신했으나 그가 세상을 떠났을 때 장례를 치를 비용이 없어 친구들이 돈을 갹출하여 장례를 치렀다. 그는 청빈한 삶의 전형이었다는 점에서도 유학의 정신을 몸소 실천했다고 할 수 있다. 또 그가 제시한 경제 정책은 나라를 부강하게 만들어 백성의 곤궁한 삶을 해결하겠다는 절박함에서 비롯된 것으로 이 또한 유학의 애민사상과 경세 정신에서 나온 것이었다.

수기와 치인의 완성

이이는 마흔아홉의 나이로 비교적 일찍 세상을 떠났지만 다양한 분야에 방대한 분량의 저서를 남겼다. 당시 사대부의 문집에 흔히 보이는 시문은 말할 것도 없고, 〈만언봉사(萬言封事)〉를 비롯한 상소문, 《소학집주(小學集註)》, 《사서언해(四書諺解)》 등의 유가 문헌에 대한 주석과 언해, 당시 이단으로 치부되던 《도덕경》을 유가적 맥락으로 풀이하고 편집한 《순언(醇言)》, 명종부터 선조에 이르는 17년간의 경연에서 강론한 내용을 엮은 《경연일기(經筵日記)》 등을 남겼다. 그중에서도 《성학집요(聖學輯要)》와 《격몽요결(擊蒙要訣)》이 세상에 널리 알려졌다. 특히 《성학집요》는 그가 평생의 정력을 쏟은 책으로 임금에게 올린 글에서 스스로 이렇게 이야기했다.

신의 정력(精力)이 여기에서 다했습니다. 총명한 임금께서 살펴주셔서 늘 곁에 두신다면 전하께서 타고난 덕으로 왕도를 펼치는 학문에 조금이나마 도움이 될 것입니다.

《성학집요》는 사서오경과 성리학 관련 문헌에서 핵심이 되는 내용을 간추려 뽑은 책으로, 선조에게 바친 책인 만큼 임금이 성군이 되기를 바라는 마음이 담겨 있다. 그 외에도 정치, 경제, 교육 등 다방면에 관심을 갖고 뛰어난 방책을 제시하여 유학자로서의 책임을 다했다. 훗날 다산 정약용도 수기치인을 이야기할 때 수기만 하는 건 반쪽이라 했는데, 선비가 개인의 수양에만 매진할 것이 아니라 세상에 나아가 백성을 구제해야 한다는 실학적 사유는 바로 이이에게서 기원하는 것이다.

그는 세상을 떠나기 전 제자들에게 집안일에 대해서는 한마디도 언급하지 않았고 오로지 나랏일과 관련된 여섯 조목의 글만을 받아 쓰게 했는데 이것이 그의 절필(絕筆)이었다. 어머니 사임당 신씨가 집안일을 잘 다스려 자식들을 훌륭한 인물로 키웠다면 아들 이이는 나랏일을 잘 다스려 유학자들의 모범이 되었으니 모자의 삶을 합치면 수기와 치인의 유학 공부가 완성되는 셈이다.

이이는 아버지를 위한 행장은 남기지 않았지만 어머니의 삶을 정리한 선비행장(先妣行狀)을 기록했다. 그만큼 어머니의 삶에서 보고 배운 바가 많았기 때문이리라. 이 행장에는 앞에 소개한 시 두 수 외에 두 줄의 낙구(落句)도 전한다.

밤마다 달을 보고 비노니   夜夜祈向月
생전에 뵈올 수 있게 하소서   願得見生前

이 시구는 사임당이 어머니를 그리워하는 마음을 담은 것이지만 어머니 사임당을 그리워하며 행장을 기록한 이이 자신의 마음이기도 했을 것이다.

홍인과 혜능

말로 전하지 않는
가르침

세존이 꽃을 들어 보인 까닭

어느 날 범왕이 영취산에 올라 석가세존에게 꽃을 바치고 가르침을 여쭈었다. 석가세존은 사자좌에 올라 꽃을 들고 손가락으로 만지면서 아무 말도 하지 않았다. 앉아 있던 사람들 중 누구도 그 뜻을 알아차리지 못했는데 존자(尊者) 마하가섭만이 미소로 답했다. 세존이 이르시길 "이제 정법(正法)을 너에게 부탁하겠다. 가섭아, 이를 후세에 전하도록 하라" 하였다.

이른바 염화시중(拈華示衆)의 미소를 기록한《대범천왕문불결의경 (大梵天王問佛決疑經)》의 한 대목이다. 이날 세존은 아무 말도 하지 않았지만 제자 마하가섭은 그 뜻을 알아차리고 미소로 답했다. 말이나 문자로 전할 수 없는 '불립문자(不立文字)'의 가르침, 선(禪)의 시작이다. 이 가르침이 달마에 의해 동방으로 전해져 지금의 선불교가 되었다. 그런데 불교문헌학자들은 이 이야기가 실린《대범천왕문불결의경(大梵天王問佛決疑經)》은 후세에 만들어진 위경(僞經)이라 한다. 그렇다면 세존의 가르침이 동방으로 전해진 것이 아니라 거꾸로 동방의 선이 세존의 가르침을 고쳐 쓴 것일 수도 있다. 이날 세존의 가르침과 마하가섭의 미소는 근거 없는 상상의 결과물일 수도 있다는 이야기다. 하지만 선의 종지를 이해하고 나면 이 가르침의 진위를 따지는 것은 중요하지 않다.《대범천왕문불결의경》이 진짜든 가짜든 "가장 중요한 진리는 언어로 전달할 수 없다"는 뜻만은 버릴 수 없기 때문이다. 깨닫는 자는 거짓을 통해서도 깨달을 수 있고, 깨닫지 못하는 자는 진실 앞에서도 미망에 빠져든다. 선이란 그런 것이다.

홍인의 두 제자

달마가 동쪽으로 오면서 시작된 선의 가르침은 혜가(慧可), 승찬(僧璨), 도신(道信)을 거쳐 홍인(弘忍)에 이른다. 선불교의 제5조로 일컬어지는 홍인은 속성이 주씨(周氏)로 본래 여남 출신이었으나 어린 시절 4조 도신을 만나 출가한 뒤 기주의 황매산에 머물며 법을 전했다. 도신과 홍인의 첫 만남에는 다음과 같은 이야기가 전한다.

어느 날 도신이 황매현에 갔다가 무성(無性)이라 불리는 어린아이를 만났다. 아이의 용모와 행동거지가 범상치 않았다. 도신은 아이에게 성이 무엇인지 물었다. 돌아온 대답은 뜻밖이었다. "제 성은 불성(佛性)입니다."

기특하게 여긴 도신이 다시 "이곳 사람들이 너를 무성이라 부르는 까닭은 무엇이냐?" 하고 묻자 아이는 "불성은 공(空)하기 때문입니다"라고 대답했다. 아이의 그릇을 알아본 도신은 그를 제자로 받아들이고 법호를 홍인이라 했다.

도신의 제자가 된 홍인은 밤낮으로 수행을 게을리 하지 않았다. 낮에는 밭 갈고 씨 뿌리며 농사일에 힘쓰고 밤에는 새벽까지 좌선에 몰입했다. 그러기를 여러 해 만에 마침내 도신의 의발을 이어받아 5조의 지위에 오르게 된다. 홍인이 스승의 뒤를 이어 불법을 펼치자 당대의 귀족들과 명사들까지 그의 법설을 듣기 위해 사방에서 모여들었고, 그를 따라 출가하는 제자들은 천여 명에 이르렀다.

신수(神秀)라는 제자는 개봉 사람으로 속성은 이씨(李氏)였고 유교 경전을 두루 섭렵한 뒤 출가하여 홍인을 스승으로 삼았다. 훌륭한 인품과 높은 학문으로 일찌감치 홍인에게 인정을 받아 상수제자가 되었다.

같은 시기 영남의 남해에는 혜능(慧能)이라는 가난한 젊은이가 살고 있었다. 성은 노씨(盧氏)로 선조는 본디 범양(范陽) 사람이었으나 아버지 노행도가 신주(新州)로 유배되면서 그곳에서 살다가 혜능을 낳았다. 혜능은 세 살 때 아버지를 여의고 홀어머니와 함께 남해로 옮겨가 살았다. 집안이 가난하여 글을 배우지 못했고, 나무를 해다 저자에 내다팔며 근근이 살아가고 있는 처지였다. 그날도 나무를 지고 저잣거리를 지나던 중이었다. 문득 혜능의 귓가에 다음과 같은 말이 들려왔다.

"응당 머무는 곳 없이 마음을 내어야 할 것이다(應無所住 而生其心)."

갑자기 마음이 환하게 밝아오는 것을 느낀 혜능은 그 말을 한 사람을 찾아 내력을 물었다. 그러자 그는 그 말이 《금강경》에 나오는 말이며 황매산의 홍인 스님에게서 들었다고 이야기했다. 혜능은 그 길로 어머니에게 하직 인사를 올리고 홍인을 찾아 길을 떠났다. 멀리서 찾아온 혜능에게 홍인은 대뜸 이렇게 물었다.

"너는 어느 곳 사람인데 나를 만나고자 여기까지 왔는가? 나에게 바라는 것이 무엇인가?"

"저는 영남 사람으로 신주의 백성입니다. 멀리서 스님을 뵈러 온 까닭은 오직 부처가 되는 법을 알고 싶어서입니다."

혜능의 대답을 들은 홍인은 이렇게 꾸짖었다.

"너는 남쪽 오랑캐인데 어떻게 부처가 될 수 있겠느냐?"

"사람에게는 남북의 차이가 있겠지만 부처의 본성에 어찌 남북의 차별이 있겠습니까?"

홍인은 내색하지 않았지만 속으로 크게 놀랐다. 부처의 본성에 남북의 차별이 없다는 혜능의 대답은 그가 평소 강했던 《금강경》의 구절 '응무소주 이생기심(應無所住 而生其心)'을 그대로 옮긴 것이 아닌가. 바로 혜능이 저잣거리에서 들었던 그 구절이다.

그날로 혜능은 홍인의 제자가 되었다. 그러나 정식으로 계를 받지는 못하고 행자승으로 방앗간 일을 맡았다. 그는 스님들을 공양할 뿐 스승이 법회를 열 때도 일절 아무 말이 없었다. 당대의 시인 왕유(王維)가 쓴 〈육조능선사비명(六祖能禪師碑銘)〉에 따르면 그 무렵 홍인이 자리에 올라 법회를 열면 학도들이 안마당을 메우고 온갖 계층의 사람들이 법문을 듣기 위해 모여들었다. 그런 자리에서 혜능은 스승의 법문을 듣기만 할 뿐 한 번도 자신의 의견을 말하지 않았고 평소 생활 태도에서도 절대 자신을 내세우는 법이 없었다고 한다.

누가 반야의 지혜를 깨우쳤는가

혜능이 방아를 찧은 지 여덟 달이 되던 어느 날 홍인은 제자들을 모아놓고 이렇게 선언했다.

그대들은 종일 공양이나 올리고 단지 복전만 구하면서 생사의 고해를 벗어날 생각을 하지 않고 있다. 만약 지혜로운 자가 있다면 본성의 반야 지혜를 게송으로 지어 나에게 가져오라. 그대들의 게송을 보고 큰 뜻을 깨우친 자가 있다면 그에게 가사와 법을 주어 6대 조사를 품수케 할 것이다.

제자들이 각자의 방으로 돌아갔으나 모두 상수제자인 신수만 바라볼 뿐 누구도 감히 게송을 지을 생각을 하지 못하고 있었다. 신수는 '모든 제자들이 게송을 짓지 않는 것은 내게 기대한 바가 있기 때문이다. 내가 게송을 지어 올리지 않으면 스승께서 어찌 내 견해가 깊다는 걸 아시겠는가. 하지만 게송을 지어 조사의 자리를 넘보는 것 또한 옳지 않으니 어찌해야 할지 모르겠다'라고 생각했다. 그렇게 고민을 하다가 마침내 아무도 보지 않는 한밤중에 게송을 쓰기로 결심하고 삼경에 밖으로 나가 조사당의 벽에 다음과 같은 게송을 썼다.

몸은 깨달음의 나무이고   身是菩提樹

마음은 거울과 같다   心如明鏡臺

때 없이 부지런히 털고 닦아서   時時勤拂拭

티끌과 먼지가 타지 않게 하리라   莫使惹塵埃

신수는 게송을 쓴 다음 방으로 돌아왔다. 이튿날 홍인이 게송을 보고 제자들을 모두 불러 모은 다음 벽 앞에서 향을 사르고 벽에 쓰인 게송을 외면 견성(見性)하여 타락하지 않을 것이라고 칭찬했다. 게송을 쓴 제자가 신수임을 짐작한 홍인은 그를 따로 불러 사실을 확인한 다음 이렇게 말했다.

네가 지은 이 게송은 소견이 단지 깨달음의 문 앞에 이르렀을 뿐 아직 안으로 들어오지는 못한 것이다. 평범한 자가 이 게송에 의지하여 수행하면 타락하지는 않겠지만 이런 견해를 가지고 만약 무상(無上)의 깨달음을 얻고자 한다면 얻지 못할 것이다. 너는 가서 하루 이틀 더 생각한 뒤 다시 게송 한 수를 지어 나에게 보여주도록 하라. 만약 문으로 들어와 본성을 보았다면 마땅히 너에게 가사와 법을 전할 것이다.

신수는 자기 방으로 돌아가 며칠 동안 두문불출하며 게송을 지으려 했으나 끝내 짓지 못했다. 아무리 돌이켜보아도 앞서 지은 게송은 흠잡을 데가 없었다. 마치 벽을 마주하고 선 자가 한 발짝도 앞으로 나아가지 못하는 것처럼 그에게 더 나은 게송을 짓는 일은 불가능해 보였다.

한편 방아를 찧던 혜능은 무슨 일이 있었는지도 모르다가 어느 아이가 방앗간을 지나면서 신수의 게송을 외는 것을 듣고서는 게송을 지은 자가 아직 깨달음에 이르지 못했음을 알아차렸다. 아이의 인도로 벽 앞에 이른 혜능은 지나가는 사람에게 벽에 쓰인 게송을 읽어달라고 했다. 그러고는 자신이 지은 게송을 다른 쪽 벽에 써달라고 부탁했다.

깨달음은 본래 나무가 없고	菩提本無樹
거울 또한 대(臺)가 아니라네	明鏡亦非臺
본래 어떤 물건도 없는데	本來無一物
어디에 티끌과 먼지가 붙겠는가	何處惹塵埃

신수가 몇 달 동안 고민해도 넘어서지 못했던 벽을 혜능은 본래 벽 저쪽에 서 있었던 것처럼 단박에 넘어선 것이다. 게송을 다 쓰자 혜능은 방앗간으로 돌아왔다. 절 안의 사람들이 벽 앞을 지나가다 게송이 적힌 것을 보고 이상하게 여겨 모여들었다. 홍인 또한 사람들이 웅성거리는 것을 보고 그곳에 와 새로 쓰인 게송을 살펴보다가 혜능이 무애(無碍)의 진리를 깨달았음을 알아차렸다. 하지만 사람들이 알면 그를 해칠까 염려하여 짐짓 '이 게송 또한 아직 깨닫지 못한 것'이라고 말하여 사람들을 돌려보냈다.

14

6조의 탄생

　다음 날 홍인은 아무도 모르게 방앗간으로 혜능을 찾아갔다. 혜능은 막 돌을 매고 방아를 찧고 있었다. 혜능의 몸이 가벼웠기 때문에 허리에 돌을 매어야 방아를 찧을 수 있었기 때문이다. 혜능에게 홍인은 넌지시 물었다.

　"쌀이 얼마나 익었는가?"

　깨달음의 여부를 확인하는 질문이었다. 혜능은 이렇게 대답했다.

　"쌀은 익은 지 오래되었으나 아직 키질을 하지 못했습니다."

　은연중에 불성은 이미 깨달았지만 아직 스승의 인가를 받지 못했다는 의미였다. 홍인은 아무 말 하지 않고 지팡이를 들어 방아를 세 번 내리치고는 방앗간을 떠났다. 혜능은 스승의 뜻을 알아차리고 그날 밤 삼경에 조사당으로 가서 스승과 마주 앉았다. 홍인은 조사당 주위에 가사를 쳐 사람들이 보지 못하게 한 다음 혜능에게 《금강경》을 강했다. 강이 끝난 뒤 홍인은 혜능에게 가사를 전하면서 "이제 너는 6대 조사가 되었다. 이 가사를 신표로 삼아 대대로 전하되 법은 마음으로 전하여 스스로 깨우치도록 하라"라고 말했다. 그러고는 이곳에 머물면 해칠 자가 있을 터이니 속히 떠나라고 했다.

　홍인이 몸소 혜능을 나루까지 인도했는데 혜능이 배에 오르고 나자 이렇게 당부했다.

"너는 가서 노력하여라. 법을 가지고 남쪽으로 가서 3년 동안은 펴지 마라."

곧 혜능은 남쪽으로 떠났다. 6조의 탄생이다. 누구도 예상치 못한 파격이었다. 신수는 인물도 훤칠하고 학식도 높아 훗날 황제의 부름을 받게 되는 명문가 출신이었고, 혜능은 가난하고 비천한 출신에다 정식으로 계를 받지도 못했으며 글도 읽을 줄 모르는 행자였다. 그러니 가장 낮은 곳에 있던 이가 가장 높이 있던 자를 제치고 선가의 법통을 이어받은 것이다.

절로 돌아간 홍인은 며칠 동안 법회를 열지 않았다. 제자들이 찾아와 까닭을 묻자 홍인은 "법이 이미 남쪽으로 갔기 때문"이라고 대답했다. 누가 법을 가져갔느냐고 묻자 홍인은 '능(能)'한 자가 가져갔다고 대답했다. 비로소 혜능이 법과 가사를 가져간 줄 알게 된 제자들은 혜능을 쫓아갔는데 그 수가 수백 명에 이르렀다.

깃발이 움직이는가, 바람이 움직이는가

그 후 혜능은 조계산에 이르렀으나 가사를 빼앗으려고 쫓아온 사람들을 피해 사냥꾼들 틈에 끼어 15년 넘게 숨어 살다가 남해로 갔다. 그즈음 남해에서는 인종 스님의 법회에 많은 이들이 모여들었는데, 한번은 혜능이 그 자리에 참석했다. 인종은 《열반경》을 강하고 있었는데 때마침 바람이 불어 깃발이 세차게 나부꼈다. 그걸 보고 어떤 사람들은 "깃발이 움직인다"라고 말하고, 다른 이는 "깃발이 아니라 바람이 움직인다"라고 이야기하며 의견이 분분했다. 그때 혜능이 "깃발이 움직이는 것도 아니고 바람이 움직이는 것도 아니다. 움직이는 것은 그대들의 마음이다"라고 이야기했다.

지켜보고 있던 인종은 크게 놀라 혜능에게 가르침을 청했다. 이후 혜능은 인종의 인도로 지광율사에게 정식으로 구족계를 받은 뒤 보림사로 가서 머물며 제자들을 받아들였다. 얼마 후 소주(韶州)자사 위거가 혜능에게 설법을 청하자 혜능은 대범사에 나아가 법좌에 올라 강을 시작했다. 그날의 법회에는 비구와 비구니는 말할 것도 없고 속인들까지 합쳐 만 명이 넘는 사람들이 모여들었다. 위거의 청으로 혜능의 제자 법해(法海)가 그날의 설법을 문자로 기록했는데, 그것이 바로 《육조단경(六祖壇經)》이다.

중생을 모르면 부처를 알 수 없다

혜능이 입적할 무렵 제자 법해가 이르길 "대사께서 떠나시면 이제 어떤 법을 남겨 후세 사람들로 하여금 부처를 만나게 하시겠습니까?"라고 물었다. 이에 혜능은 "미혹한 사람도 단지 중생을 알면 바로 부처를 만날 수 있다. 만약 중생을 알지 못하면 만 겁 동안 부처를 찾아도 볼 수 없을 것이다"라고 하며 다음의 게송을 지었다.

(…)

어리석으면 부처가 곧 중생이고	愚癡佛衆生
지혜로우면 중생이 곧 부처다	智慧衆生佛
마음이 험하면 부처도 중생이고	心險佛衆生
마음이 평등하면 중생도 부처다	平等衆生佛
내 마음에 부처가 있으니	我心自有佛
자기의 부처가 참다운 부처다	自佛是眞佛
스스로 부처의 마음이 없다면	自若無佛心
어디에서 부처를 구하리오	向何處求佛

이어서 제자들에게 이렇게 일렀다.

그대들은 잘 있거라. 이제 그대들과 작별하겠다. 내가 떠나더라도 세속의 정으로 슬피 울지 말라. 내가 떠난 뒤에도 다만 법에 의지하여 수행하면 내가 살아 있던 날과 같을 것이다. 만약 내가 살아 있다 하

14

더라도 너희가 법을 어긴다면 내가 있어도 이로움이 없을 것이다.

스승을 떠나보내는 제자들의 마음이 깃발처럼 일렁거렸던 것 같
다. 불심은 매정하나 사제의 마음은 다정하다. 혜능은 말을 마친 뒤 이
날 밤 삼경에 이르러 입적했다. 713년 8월 3일, 그의 나이 76세였다.

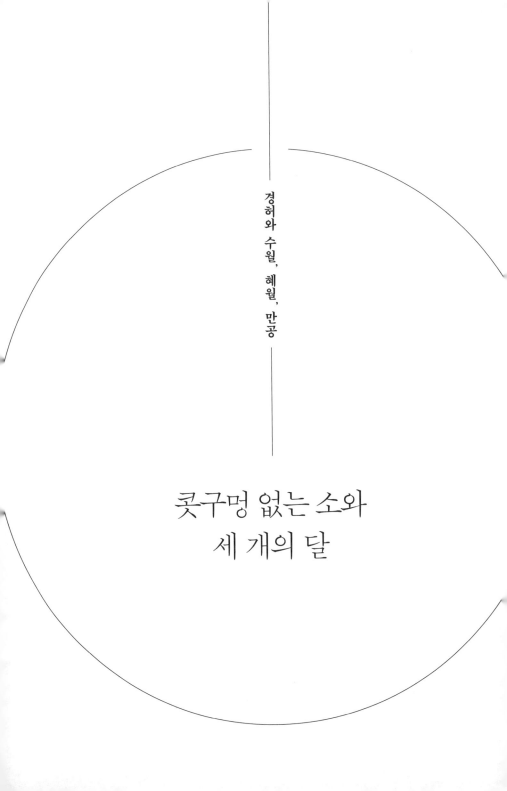

경허와 수월, 혜월, 만공

콧구멍 없는 소와
세 개의 달

˙콧구멍 없는 소가 돼라

문득 콧구멍 없다는 소리 듣고	忽聞人語無鼻孔
온 세상이 내 집임을 깨달았다네	頓覺三千是我家
유월 연암산 아랫길에	六月燕巖山下路
촌사람 한가로이 태평가를 부르네	野人無事太平歌

이 시는 조선 말기 희미해져가던 선불교의 불씨를 다시 지펴 한국의 근대불교를 중흥시켰다고 평가받는 스님 경허(鏡虛, 1849~1912)의 오도송이다.

경허는 전주에서 태어났는데 속명은 송동욱(宋東旭)이고 본관은 여산(廬山)이다. 아버지 송두옥(宋斗玉)은 그가 태어나던 해에 나라에서 물리는 과도한 세금을 비관하여 울화병으로 세상을 떠났다고 한다. 그 뒤 어머니를 따라 서울로 갔다. 아홉 살이 되던 해에 경기도 과천 청계사에서 출가하여 계허(桂虛) 밑에서 5년 동안 수행했다. 열네 살 때부터 한학을 익혀 유학 경전과 제자백가를 두루 공부했고, 스승 계허가 환속하자 계룡산 동학사로 옮겨가 만화(萬化)에게 불교를 배웠다. 어려서부터 총명했던 그는 일찍부터 뛰어난 자질을 인정받아 1871년 나이 스물두 살에 동학사의 강사로 추대되어 학인들을 가르치기에 이르렀다.

10년 넘게 동학사에 머물다가 1879년 어느 날 옛 스승 계허를 찾아가기 위해 길을 나섰는데, 도중에 전염병이 유행하는 마을을 지나게 되었다. 마을 곳곳에서 고통스럽게 신음하는 사람들의 모습과 죽어서 실려 나가는 사람, 죽은 이를 애통해하며 울부짖는 사람, 살아 있는 이들이 공포에 떠는 모습을 목격한 그는 엄청난 충격을 받았다. 죽음에 대한 두려움을 이겨내기 위해 그는 필사적으로 발버둥쳤지만 스승을 그리워하는 마음도, 수백 권의 불경에서 얻은 지식도 죽음의 공포 앞에서는 아무 소용이 없었다. 그는 결국 그곳에서 한 발짝도 나아가지 못하고 발길을 돌릴 수밖에 없었다.

이때 그는 지금까지 한 모든 공부가 삶의 근본적인 문제 앞에서는 아무런 소용이 없다는 실망과 함께 수행이 부족했다는 자책에 시달렸다. 그러다가 마침내 "나귀의 일이 끝나지 않았는데 말의 일이 닥쳐왔다(驢事未去 馬事到來)"라는 화두의 참 의미를 깨닫게 되었다. 나

15

귀의 일이 지식이라는 짐을 실어 나르며 제자를 가르치는 작은 일이라면, 말의 일은 생사가 달린 큰 문제가 아닌가. 생사라는 큰 문제를 풀지 못한 자신이 알량한 지식을 입으로 나불거리며 사람들을 가르친다는 것이 우스워 보였다.

고뇌를 안고 동학사로 돌아온 경허는 제자들을 모두 돌려보내고 강원을 철폐했다. 이후 사람들을 일절 만나지 않고 기약 없는 수행에 들어갔다. 석 달이 지난 어느 날 참선을 하던 중 문득 바깥에서 동자승들이 떠드는 소리가 들렸다.

"소가 되더라도 콧구멍 없는 소가 되어야 해."

이 말을 듣는 순간 그는 마음이 환하게 밝아오는 것을 느꼈다. 콧구멍 없는 소란 본디 선가에서 예부터 전해오던 말로, 콧구멍 없는 소가 우리를 뛰쳐나와 부처의 약초밭을 망치는데 온 세상의 부처가 미소를 지으며 고개를 끄덕였다는 이야기다. 그는 깨달았다. '콧구멍 없는 소는 코뚜레를 뀔 수 없는 것처럼 세상이라는 멍에에서 벗어나려면 모름지기 세상에 바라는 것이 없어야 하는 법이로구나.' 그의 나이 서른세 살 때였다.

그날 이후 경허는 하는 일 없이 선방에 누워 사람이 들어오거나 나가거나 상관하지 않았다. 보다 못한 만화가 왜 그렇게 누워 있기만 하느냐고 묻자 할 일 없는 사람은 본디 그러하다고 대답할 뿐이었다. 깨달음을 얻은 그는 동학사를 떠나 연암산 천장암(天藏庵)으로 가서 비로소 찾은 자신을 지키는 보임(保任) 수행에 들어갔다. 그로부터 1년 뒤 그는 마침내 스스로 콧구멍 없는 소가 되어 자유로운 경지에 이르렀다. 시인 최명길은 〈콧구멍 없는 소〉라는 시에서 그가 이룬 경지를 이렇게 썼다.

나는 콧구멍 없는 소다. 누구도
내 코를 꿰어 끌고 갈 수 없다.
채찍을 휘둘러 몰고 갈 수도 없다.
나는 다만 콧구멍 없는 소
홀로 노래하다 홀로 잠든다.
구름 쏟아지면 쏟아지는 구름밭 속이
폭풍우 몰아치면 몰아치는 소용돌이
그 속이 바로 나의 집 나의 행로다.
내 너무 괴로워 못 견딜 때엔
하늘을 향해 크게 한 번 으흐흥 하고
울부짖으면 그만
나는 한 마리 뿔무소다.

보임 수행을 마친 그는 가사와 주장자 등을 모두 불태운 뒤 개심사와 부석사 등 전국의 사찰을 돌아다니며 불법을 폈다. 피폐한 시

대, 기울어지는 나라와 함께 기진맥진하던 불교는 그가 설법을 시작
하면서부터 중흥의 기미가 보이더니 마침내 활기를 되찾기 시작했
다. 1894년에는 범어사의 조실이 되었고, 1899년에는 해인사에서
경전 간행 불사를 주관하고 청암사에서 법회를 열었다.

그가 가는 곳마다 수행자들이 따르고 신심 깊은 신도들이 모여들
었다. 전국 각지에서 선풍이 일어나던 즈음 그는 1904년 석왕사 법
회를 마지막으로 홀연히 자취를 감추었다. 이후 그는 박난주(朴蘭州)
로 이름을 바꾸고 머리를 기른 채 나타나 갑산과 강계 등지를 돌아
다니며 아이들을 가르치는 훈장이 되는 등 기행을 일삼았다. 1912년
4월 25일, 함경도 갑산 웅이방(熊耳坊) 도하동에서 입적했다. 그의 나
이 63세였다.

천수삼매(千手三昧)를 터득한 수월

경허는 천장암에서 깨달은 직후부터 법을 전할 만한 사람
을 찾지 못해 탄식했다. 그러다가 1885년 천장암에 머물고 있을 때
세 사람의 수행자가 차례로 그를 찾아왔다. 그들이 바로 훗날 경허
의 삼월(三月)로 불리게 되는 수월(水月), 혜월(慧月), 만공(滿空)으로,
모두 경허의 전법제자가 되어 불법을 폈다. 일찍이 경허는 이렇게

평가했다. "만공은 복이 많아 대중을 거느릴 것이고, 정진하는 힘은 수월보다 나은 이가 없고, 지혜로는 혜월을 능가할 이가 없다." 경허는 천장암에서 세 제자와 함께 수행하면서 주변의 여러 명승지를 찾아다니기도 하고 개심사와 간월암 등지를 오가면서 가르침을 베풀었다. 사제 간의 정의가 두터웠다.

첫 번째 제자였던 수월은 속성이 전씨(田氏)로 1855년 충청도 홍성에서 태어났다. 1928년에 입적할 때까지 오직 수행과 보리행에만 전념하여 자신의 흔적을 세상에 거의 남기지 않았다. 출신 집안이나 속명조차 확실하지 않고 흔한 오도송이나 열반송도 전해지지 않으며 출가도 늦었다. 어려서 부모를 잃고 머슴살이를 하며 가난하게 살다가 스물여덟 살에 천장사를 찾아 경허의 속형 태허(太虛)의 제자가 되었다.

그런데 그는 일자무식에다가 타고난 성품이 우둔하여 불경을 외우거나 이해하지 못했다. 그 때문에 절에서 밥을 지어 스님을 공양하거나 땔나무를 장만하고 짚신 삼는 일을 하며 날을 보냈다. 그러던 중 한 스님이 〈천수경(千手經)〉을 독송하는 소리를 듣고 이를 암기하고 염불에 몰두했는데 밥이 타는 줄 모를 정도였다. 이를 본 스승 태허가 수월에게 방을 내주고 정진하게 했더니 7일 밤낮을 쉬지 않고 〈천수경〉을 염송하다가 마침내 잠에 빠져들지 않게 되는 삼매의 경지에 이르렀다. 이렇게 천수삼매(千手三昧)를 터득한 수월은 글을 몰랐기에 경전을 읽거나 축원문을 쓰지 못했지만 한번 들은 내용은 전부 기억했고, 잠을 자지 않고 수행에 정진할 수 있었다 한다. 이후 태허는 그를 경허에게 보내 배우게 했고 경허의 가르침을 받아 마침내 불법을 크게 깨치게 되었다.

경허가 입적한 뒤 수월은 1912년에 북간도로 떠나 화엄사를 지었다. 그곳에서 20년 넘게 머물면서 일제의 억압을 피해 이주해온 조선의 백성들에게 짚신과 주먹밥을 만들어주며 보시를 하고 독립군을 돕기도 했다. 73세로 입적했는데 개울에서 목욕을 마친 뒤 짚신을 머리에 이고 조용히 열반에 들었다고 한다.

수월이 입적하고 80년이 지난 뒤인 2008년에 중국 길림성 도문시의 두만강 변에서 그를 기리는 불자들이 모인 가운데 수월정사가 개원했고 이듬해에는 그가 머물렀던 화엄사를 복원하는 공사가 시작되었다. 나라를 잃고 떠돌던 조선의 백성들과 항일 운동가들을 도왔던 수월의 자비행과 항일정신을 기리기 위해서였다.

˙무소유의 삶을 살다 간 혜월

경허의 두 번째 제자 혜월은 속성이 신씨(申氏)로 1861년 충남 예산에서 태어났다. 열한 살 때 예산 정혜사에서 출가한 뒤 1884년 천장암에서 경허선사에게 지눌의 〈수심결〉을 배우면서 글공부와 수행을 시작했다. 1902년에 스승으로부터 깨달음을 인가받고 혜월이라는 법호와 함께 전법계를 받았다. 이후 평생 무소유의 삶을 실천하며 살았다.

그는 '개간선사'라는 별명이 붙을 정도로 가는 곳마다 토지를 개간하여 밭을 일궈 농사를 지으며 불법을 폈다. 부산 선암사 주지로 있을 때는 절 소유의 논 다섯 마지기를 팔아 일꾼을 사서 밭을 일구었는데 자갈이 많아 겨우 세 마지기를 개간했다. 그걸 본 제자들이 어리석은 일이라며 불만을 토로하자 그는 이렇게 말했다.

"처음 논 다섯 마지기는 그대로 있고 자갈밭 세 마지기까지 생겼으니 좋은 일 아니냐."

양산 내원사에 있을 때도 비슷한 일이 있었다. 그가 몇 년 동안 황무지를 개간하여 논으로 만들었는데 동네 사람이 팔라고 하자 열 마지기를 여섯 마지기 값에 팔았다. 다른 스님들이 그의 처사를 못마땅해하며 질책하자 이렇게 말했다.

"논 열 마지기는 저기 그대로 있고, 여기 여섯 마지기 값을 받았으니 논이 늘어난 셈 아니냐."

이처럼 그의 계산법은 속세와 아주 많이 달랐다. 온 세상을 자신의 집으로 여기고 모든 중생을 자신의 몸으로 여기는 혜월에게 논은 어디에 있든 누가 갈든 여전히 그 자리에 있는 것이었다. 논만 그런 것이 아니었다. 그의 삶은 무소유 그 자체였다. 가진 것이라곤 가사와 발우뿐이었고 잠을 잘 때도 맨바닥에서 잤으며, 길을 가다가 사정이 딱한 사람을 만나면 갖고 있는 것을 모조리 보시하곤 했다.

그가 예산 정혜사에 있을 때의 일이다. 한밤중에 도둑이 들었다. 쌀가마니를 지게에 실은 도둑이 무거워서 일어서지 못해 쩔쩔매고 있었다. 그때 뒤에서 누군가 지게를 받쳐주었다. 도둑이 기겁해서 돌아보자 혜월이 손가락을 입에 대며 말했다.

"쉿! 조용히. 조심조심 잘 가져가게. 먹을 것이 떨어지면 또 오시게."

가는 곳마다 밤낮으로 논을 일구고 밭을 갈며 부지런히 농사를 지어 보리행을 실천하던 그에게는 도둑도 똑같이 봉양해야 할 중생의 한 사람일 뿐이었던 것이다. 1937년의 어느 날 혜월은 수행하던 선암사 안양암 아래서 소나무 가지를 잡고 선 채 입적했다. 76세였다.

일본인 총독을 꾸짖은 만공

경허의 세 번째 제자 만공은 속성이 송씨(宋氏), 속명이 도암(道巖)이다. 1871년 전라도 태인군 태인읍 상일리에서 태어났다. 열세 살에 출가하여 동학사에 머물다가 경허선사를 따라 천장사로 가서 사미계를 받았다. 그는 앞의 두 제자와는 달리 불사에 남다른 재능을 발휘했다.

젊은 시절 그의 화두는 "모든 법은 하나로 돌아가는데 그 하나는 어디에 있는가(萬法歸一 一歸何處)"라는 물음이었다. 몇 년 동안 이 화두를 붙들고 참구하던 그는 어느 날 화엄경에서 "만일 사람이 온 세상의 모든 부처를 다 알고자 한다면 마땅히 법계의 본성을 보아야 하니 모든 것은 오직 마음이 만드는 것일 뿐(若人欲了知 三世一切佛 應觀法界性 一切唯心造)"이라는 게송을 읽다가 마음이 환하게 밝아지는 것을 느꼈다.

화두를 푼 만공은 공주 마곡사로 옮겨 수행하다가 스승 경허의 가르침을 받고 부석사와 범어사로 옮겨 다니며 수행을 계속했다. 스승과 헤어진 뒤에는 통도사 백운암에 머물렀는데 새벽에 범종 소리를 듣던 중 "원컨대 이 종소리가 법계에 두루 미쳐 철벽같은 어둠을 모두 밝히소서(願此鐘聲遍法界 鐵圍幽暗悉皆明)"라는 게송을 듣고 크게 깨달았다. 천장사로 돌아온 그는 마침 함경도 갑산으로 가던 도중 천장사에 들른 스승 경허로부터 깨달음을 인가받고 전법제자가 되었다. 만공이라는 법호도 이때 받은 것이다.

이후 만공은 전국을 돌아다니며 불법을 펴다가 1905년 4월에 예산 수덕사 뒤편에 작은 암자를 짓고 오랫동안 그곳에 머물렀다. 불사에 힘써 수덕사와 정혜사를 비롯한 여러 사찰을 크게 중창하는가 하면 능인선원과 한국 최초의 비구니 선원인 견성암을 열었다. 1922년에는 서울에서 선승들의 경제적 자립을 돕기 위해 선우공제회(禪

友共濟會) 창립운동에 동참했고, 1930년부터는 금강산 유점사와 마하연사에서 조실로 있으면서 제자들을 양성했으며, 1937년에는 마곡사 주지를 맡았다.

그는 또 조선의 선불교 전통을 지키기 위해 일제에 저항한 항일 불교인이기도 하다. 그가 마곡사 주지로 있을 때 조선총독부 주관으로 열린 31본산 주지회의에서 일본 총독 미나미 지로를 꾸짖은 일은 유명하다. 당시 미나미 지로는 일본 불교와 조선 불교의 통합을 주장했는데 만공은 조선의 승려로서 일본의 승려처럼 대처나 육식, 음주 등의 파계 행위를 할 수 없다고 크게 꾸짖었다.

만공은 1946년 10월 20일 목욕한 후 좌정한 채로 입적했는데 거울을 마주하고 자신에게 이렇게 말했다고 한다.

"만공, 자네와 나는 70년 넘게 동고동락해왔지만 이제 이별할 시간일세. 그동안 고생 많았네."

말을 마친 그는 마치 잠자는 것처럼 편안하게 입적했다고 한다. 75세였다. 부도인 만공탑이 그가 마지막까지 머물렀던 덕숭산 금선대 근처에 있다.

일찍이 스승 경허는 콧구멍 없는 소가 되어야 온 세상이 내 집인 줄 알게 된다고 했다. 그 제자들이 스승의 가르침을 실천하여 모두 자유의 경지에 이르렀으니, 세상에는 적어도 콧구멍 없는 소가 넷은 살다 간 셈이다.

유영모와 함석헌

스승과 제자가
함께하는 기쁨

˙그 사람을 그대는 가졌는가

만 리 길 나서는 길

처자를 내맡기며

맘 놓고 갈 만한 사람

그 사람을 그대는 가졌는가

온 세상 다 나를 버려

마음이 외로울 때에도

'저 맘이야' 하고 믿어지는

그 사람을 그대는 가졌는가

탔던 배 꺼지는 시간

구명대 서로 사양하며

'너만은 제발 살아다오' 할

그 사람을 그대는 가졌는가

불의의 사형장에서

'다 죽여도 너희 세상 빛을 위해

저만은 살려두거라' 일러줄

그 사람을 그대는 가졌는가

잊지 못할 이 세상을 놓고 떠나려 할 때

'저 하나 있으니' 하며

빙긋이 웃고 눈을 감을

그 사람을 그대는 가졌는가

온 세상의 찬성보다도

'아니' 하고 가만히 머리 흔들 그 한 얼굴 생각에

알뜰한 유혹을 물리치게 되는

그 사람을 그대는 가졌는가

함석헌이 1947년 7월 20일에 쓴 시 〈그 사람을 그대는 가졌는가〉

이다. 이 시에서 가리키는 '그 사람'이 누구인지, 또 그런 사람이 있는지는 독자에 따라 다른 대답이 나올 테지만 만약 시인에게 그가 누구이며 그런 사람을 가졌는지 물어보면 뭐라고 대답할까? 대답을 듣지 못했으니 알 수는 없으나 상상을 해볼 수는 있겠다.

이 시를 쓸 무렵 함석헌은 무척 어려운 처지에 놓여 있었다. 북녘 땅에서 신의주 학생 사건, 오산학교 반정부 전단 살포 사건 등의 배후로 지목되어 여러 차례 옥고를 치르다가 이해 3월 17일에 남쪽으로 내려와 서울에서 이곳저곳을 전전하고 있었기 때문이다. 하지만 이 시기야말로 그에게 가장 행복한 때이기도 했다. 오래전 헤어졌던 스승 유영모와 재회하는 기쁨을 누렸기 때문이다.

두 사람의 첫 만남은 26년 전인 1921년 가을의 어느 날로 거슬러 올라간다. 3·1운동에 참가했다는 이유로 평양고등보통학교에서 퇴학당하고 학업을 중단했던 함석헌은 사촌형 함석규의 권유로 평안북도 정주에 있는 오산학교에 편입했다. 그해 가을에 서른한 살의 다석 유영모가 오산학교 교장으로 취임한 것이다. 두 사람은 이렇게 운명적으로 만났지만 1년 남짓 사제의 정을 나누는 데 그치게 된다. 일제가 유영모의 교장 취임을 인가하지 않아 서울로 돌아가게 되었기 때문이다. 그 뒤에도 여러 차례 만났고 함께 서대문형무소에 구금된 적도 있었다. 분단 이후에는 오랫동안 서로 떨어져 있다가 1947년 3월에 다시 만났다. 그날부터 함석헌은 YMCA 강당에서 열리는 일요 종교 집회에 참석하면서 스승 유영모를 모시고 배웠다. 두 사람은 함께 산행을 하기도 하고 한 달 동안 광주 등지를 여행하기도 하며 사제의 정을 이어갔다. 함석헌이 같은 해 7월에 이 시를 썼으니 시에서 말하는 '그 사람'이 유영모라 해도 이상하지 않을 것이다.

˙하루하루를 영원처럼 살다

유영모(柳永模, 1890~1981)는 서울에서 태어났다. 어린 시절 아버지 유명근에게 천자문을 배웠고, 서당에 다니며 《통감절요》, 《천자문》, 《맹자》 등을 공부했다. 열 살 때 소학교에 입학했지만 다 마치지 않고 다시 서당에서 공부를 했다. 1905년부터 YMCA 총무 김정식의 권유로 연동교회에 나가면서 기독교에 입문했다. 1910년에는 이승훈의 초빙으로 정주 오산학교에서 2년간 교사로 지내면서 학생들을 가르쳤으며, 이 무렵 톨스토이의 저작에 심취하면서 정통 기독교 신앙에 회의적인 태도를 지니게 되었다. 1912년에는 일본으로 건너가 도쿄 물리학교에서 1년간 수학하면서 일본의 종교 지도자 우치무라 간조(內村鑑三)의 강연을 듣고 크게 감명받아 무교회주의의 길을 가게 된다.

1915년 스물다섯 살에 김효정과 결혼했으며, 26년이 지난 1941

년 쉰한 살에 해혼(解婚)을 선언한다. 해혼은 이혼이나 파혼과 달리 글자 그대로 혼인의 구속을 푼다는 뜻이다. 즉 아내와 헤어짐을 선언한 것이 아니라 법적인 구속으로부터 자유로워져서 참된 사랑을 하겠다는 뜻으로 보인다.

1918년부터 살아온 날수를 헤아리기 시작했다. 일기에 스스로 '하루살이'로 살아가고자 한다고 쓴 것으로 보아 날마다 편견을 버리고 하루하루를 영원의 시간으로 살고자 했던 것으로 보인다. 1921년에는 조만식의 후임으로 오산학교 교장이 되어 1년간 근무하는데 이때 함석헌과 처음 만나게 된다.

1928년에는 YMCA 간사였던 현동완의 요청에 따라 연경반을 맡아 성서와 동아시아 고전을 강독했는데 이 모임은 1963년까지 35년간 이어졌다. 1941년에는 하루에 저녁 한 끼만 먹겠다는 뜻으로 호를 다석(多夕)으로 삼았다고 한다.

1942년에는 '성서조선 사건'으로 57일 동안 서대문형무소에 구금되었다. 《성서조선》은 기독교 사상가 김교신이 함석헌, 송두용, 정상훈, 류석동, 양인성과 함께 1927년부터 1942년까지 발행한 무교회주의 기독교계 월간 잡지였는데, 이 잡지 158호에 죽은 개구리를 조문하는 내용의 〈조와(弔蛙)〉라는 글을 권두언으로 실은 게 문제가 되었다. 일제가 조선 민족의 소생과 일제에 대한 저항을 촉구한 비유라며 필자와 잡지 독자들까지 구속한 것이다.

1955년 예순다섯 살이 되던 해에는 자신의 사망 예정일을 1956년 4월 26일로 선포했다. 앞서의 해혼 선언이 인간이 만든 제도의 구속을 벗어나기 위한 것이라면, 사망 예정일 선포는 자연이 만든 생물학적인 구속을 벗어나 자신의 뜻에 따라 삶을 마무리하겠다는 의지로 보인다. 1959년에는 노자 《도덕경》을 우리말로 번역한 《늙은이》를 세상에 내놓았다.

1977년 6월에는 톨스토이처럼 객사할 요량으로 가출했다가 사흘 만에 순경에게 업혀서 집으로 돌아왔으니, 사망 예정일을 선포한 이후 삶을 스스로 마감하겠다는 의지가 지속되었음을 알 수 있다. 1981년 91세로 구기동 자택에서 세상을 떠났다. 그가 셈했던 식으로 날짜로 헤아리면 3만 3200일을 살았다.

동아시아의 사유로 기독교를 풀이하다

기독교 사상가로서 유영모는 도그마에 갇히지 않고 폭넓은 사유를 전개한 깨어 있는 지성이었다. 그는 성서를 강독하면서 내용을 풀이할 때마다 동아시아의 사유를 즐겨 인용했다. 이를테면 기독교의 사랑을 공자의 인으로 풀이하는 식이다.

어제는 공자가 온 세상을 구원할 사랑을 인(仁)이라고 하였는데 오늘 나는 온 우주의 임자이신 한아님의 사랑을 인이라고 본다.

기독교에서 말하는 사랑이 바로 공자의 인이라 말한 것이다. 자신이 믿는 종교적 진리를 다른 데서도 찾을 수 있다고 본 점에서 유영모는 자기 종교의 도그마에서 벗어났다고 할 수 있다. 또 예수를 독생자로 이야기하면서도 공자가 강조했던 인을 끌어와 인이 있으면 모두 독생자라고 말했다.

인은 사랑. 이게 있으면 독생자. 따라서 예수도, 부처도, 공자도, 그리고 나도 독생자다.
예수하고 우리하고 차원이 다른 게 아니다. 예수, 석가는 우리와 똑같다. 예수가 "나는 포도나무요, 너희는 가지다"라고 하였다고 예수가 우리보다 월등한 것이 아니다.

나사렛 예수를 지칭하는 독생자라는 말을 부처, 공자, 그리고 자신에게 적용한 것이다. 이들 사이엔 우열이 없을 뿐 아니라 예수와 우리 사이에도 우열이 없다고까지 말한다.

예수, 석가 중에 누가 더 참을 가졌느냐는 모른다. 비교할 일이 있으면 모르지만 비교해선 안 된다. 그건 절대자만이 할 수 있을 것이다. 내가 예수를 이야기하는 것은 예수를 얘기하자는 것이 아니다. 공자를 말하는 것은 공자를 말하자는 것이 아니다. 예수처럼, 공자처럼, 간디같이, 톨스토이같이 한아님의 국물을 먹고사는 것이 좋다고 해서 비슷하게 그 짓 하려고 말한 것뿐이다. 공자, 석가, 예수, 간디를 추앙하는 것은 우리도 그들과 비슷하게나마 한아님의 국물을 먹으려는 짓을 하려고 하기 때문이다.

절대자를 상위에 놓고 있다는 점에서 기독교 사상가로서의 정체성이 보이지만 중요한 것은 "누가 더 참을 가졌는지 모른다"라고 이야기한 대목이다. 이렇게 보면 다른 종교의 가르침을 이단으로 규정하고 공격하는 이들은 스스로 절대자로 행세한 셈이 된다.

유영모는 창조적인 번역가이기도 했다. 그가 1959년에 번역한 노자《도덕경》은 '늙은이'라는 이름으로 세상에 나왔다. 그는 '노자(老子)'라는 고유 명사까지 우리말로 번역했다. 간디를 읽으면 간디처럼, 톨스토이를 읽으면 톨스토이처럼 사는 것이 유영모식 삶이라면《늙은이》는 유영모식 삶으로 노자를 번역한 것이라 할 수 있다. 지금 여기서 살아 움직이는 삶의 문법으로 2천 년 전의 고전을 번역한 것이다. 이런 점에서 유영모의《늙은이》는 단순히 노자 번역서에한 권이 더해진 것으로 보아서는 안 되고 새롭게 창조한 독립적인

16

문헌으로 보아야 할 것이다.

한자어나 외래어를 완전히 배제하고 우리말만으로 《도덕경》을 번역하는 일은 불가능에 가깝다. 우리말의 어휘 수가 부족하기 때문이다. 하지만 그는 새로운 어휘를 만들어 그 불가능한 일을 해냈다. 이를테면 '씨올'이라는 말을 창안하여 《도덕경》에 나오는 '백성(百姓)'과 《대학》에 나오는 '민(民)'을 모두 '씨올'로 번역했는데 '·'는 허공에 점 하나를 찍어 우주의 탄생을 그린 것이고 '올'은 '·'에 'ㄹ'이 합쳐진 글자로 'ㄹ'은 변화를 표현한다고 풀이했다. 따라서 '씨올'은 온갖 변화가 가능한 씨를 품은 상태라는 뜻이며 동시에 온갖 변화가 가능한 씨를 품은 사람을 가리킨다. 한자어 백성(百姓)이나 민(民)이 지배자가 하사한 성(姓)이나 노예민을 가리키는 것과 비교할 때 '씨올'은 당당한 주체가 될 수 있는 존재를 가리킨다는 점에서 확연한 차이가 있다. 이처럼 그의 우리말 창조는 우리말에 숨어 있는 가능성을 끝까지 추구한 결과라는 점에서 높이 평가할 만하다. 우리말을 누구보다 사랑했던 그는 일찍이 한글을 두고 이렇게 이야기했다.

한글은 씨올을 위한 글씨다. 사제를 위한 라틴어도 아니고, 양반을 위한 한자도 아니다. 훈민정음은 씨올 글씨, 바른 소리, 옳은 소리다.

사제와 양반이라는 표현에서 알 수 있듯이 기존의 기독교 권력에서 중시하는 라틴어나 한국 전통 사회의 양반들이 썼던 한자는 대중을 위한 '글씨'가 아니라는 말이다. 그가 노자를 번역하면서 우리말에 적절한 어휘가 없으면 창작해서 쓰기 시작한 것은 기존 언어의 권력을 해체하고 씨ㅇㄹ을 위한 새로운 언어를 창조하는 데 목적이 있다. 자신이 능통했던 기존 언어의 틀을 포기하고 과감하게 새로운 언어, 씨ㅇㄹ의 언어를 만들고자 했다는 점에서 유영모의 창조적 탁월성을 볼 수 있다. 그를 통해 이 땅의 수많은 대중은 새롭게 살아 숨쉬는 동아시아 고전을 만날 수 있었고, 이 땅에 뿌리내린 사유를 유지한 채 성서를 만날 수 있었다.

˙씨ㅇㄹ과 함께 고난의 길을 가다

함석헌(咸錫憲, 1901~1989)은 1901년 평안북도 용천군의 황해 바닷가 조그만 농촌에서 태어났다. 그가 태어난 날인 3월 13일은 공교롭게도 스승 유영모가 태어난 날과 같은 날짜다. 게다가 두 사람이 세상을 떠난 날짜도 단 하루 차이다. 유영모는 1981년 2월 3일 91세로 세상을 떠났고, 함석헌은 1989년 2월 4일에 88세로 세상을 떠났다. 훗날 함석헌은 제자들에게 스승에 대한 기억을 이렇게 이야기했다.

선생님과의 관계에서 잊을 수 없는 일은 날짜를 헤아리는 것과 일종 식(하루에 한 끼만 먹음)을 하는 것 두 가지인데 나도 처음에는 생일을 음력으로만 알 뿐이었는데 선생님이 가르쳐주었으므로 양력으로 하게 됐고 날을 헤아리게도 됐습니다. 더구나 생일이 선생님과 같은 날입니다. 그래서 모든 것을 범연하게 보시지 않는 선생님이 더 신기하게 여겨졌습니다.

아홉 살 때 나라가 망했다. 당시 함석헌은 어른들이 예배당에서 통곡하는 모습을 보고 큰 충격을 받았다고 한다. 그럼에도 의사가 되겠다는 생각으로 1916년에 평양고등보통학교에 입학했다가 3학년 때 3·1운동에 참가하게 된다. 함석헌은 당시를 이렇게 회고했다.

독립선언서를 전날 밤중에 숭실학교 지하실에 가서 받아 들던 때의 감격! 그날 평양 경찰서 앞에서 그것을 뿌리던 생각, 그리고 돌아와서는 시가행진에 참가했는데 내 육십이 되어오는 평생에 그날처럼 맘껏 뛰고 맘껏 부르짖고 그때처럼 상쾌한 때는 없었다. 목이 다 타 마르도록 "대한독립만세"를 부르고 팔목을 비트는 일본 순사를 뿌리치고 총에 칼 꽂아서 행진해오는 일본 군인과 마주 행진을 해 대들었다가 발길로 채여 태연히 짓밟히고도 일어서고, 평소에 처녀 같던 나에게서 어디서 그 용기가 나왔는지 나도 모른다. 정말 먹었던 대동

강 물이 도로 다 나오는 듯했다.

결과는 퇴학이었다. 당시 일본인 교장이 반성문을 써오면 복학시
켜주겠다고 했지만 함석헌은 거절했다. 하지만 이 일로 그는 평생의
스승을 만나게 된다. 1921년에 오산학교 3학년에 편입했는데 그해
가을에 유영모를 만난 것이다. 그는 유영모를 통해 톨스토이와 노자,
우치무라 간조를 접하면서 비로소 생각하는 사람이 되어갔다. 훗날
함석헌은 오산학교에 들어가게 된 것이야말로 하나님 발길에 치여서
된 일이라고 고백했다.

1923년에 오산학교를 졸업하고, 1924년에 일본으로 유학을 떠나
동경고등사범학교에 다녔다. 그때 우치무라 간조의 강연을 직접 듣
고 나서 스승과 같은 무교회주의의 길을 가게 된다. 1928년에 동경고
등사범학교를 졸업하고 오산학교 교사로 부임하여 1938년까지 역사
와 수신(修身)을 가르쳤다. 1934년 2월부터 《성서조선》에 '성서적 입
장에서 본 조선 역사'를 연재하기 시작하여 1935년 12월까지 지속했
는데 이 글은 나중에 《뜻으로 본 한국역사》로 출간된다. 1942년에는
성서조선 사건으로 유영모와 함께 서대문형무소에 구금되었다.

광복 후인 1945년 9월에 평북자치위원회 문교부장을 맡았는데
11월 23일에는 신의주 학생 사건 배후 주모자로 지목되어 소련군 사
령부에 체포되어 50일간 구금되었다. 1947년에는 남으로 내려온 뒤

에 미군정을 비판하고, 자유당 독재, 군사 독재와 맞서 싸웠다. 1958년 8월에는 《사상계》에 〈생각하는 백성이라야 산다〉라는 글을 기고하여 자유당 독재를 비판했다가 서대문형무소에 20일간 구금되었다. 또 5·16쿠데타 직후인 1961년 7월 《사상계》에 〈5·16을 어떻게 볼까〉를 발표하여 군사정권을 비판했다. 불의한 권력에 대한 저항은 이후에도 계속 이어졌다. 1970년에는 법정투쟁 끝에 《씨올의 소리》를 창간하여 민중계몽운동과 비폭력 저항을 전개했고, 1974년에는 윤보선, 김대중과 함께 민주회복국민회의에 가담하여 시국선언에 참여했으며, 1976년 명동성당에서 열린 3·1절 기념 미사에서 긴급조치 철폐를 요구하는 '3·1 민주구국선언'을 낭독했다. 1979년에는 YWCA 위장 결혼식 사건을 주도하는 등 저항을 멈추지 않았다. 그 과정에서 검거와 구속, 투옥이 반복되었음은 말할 것도 없다.

1980년대에 들어서도 저항은 멈추지 않았다. 1980년에는 《씨올의 소리》 창간 10주년을 기념하여 제주에서 강연하다가 정보원들에게 연행되었고, 7월에는 《씨올의 소리》가 계엄 당국에 의해 폐간되고 만다. 이후 1987년의 민주화 열기 속에서 언론기본법이 폐기되고 《씨올의 소리》는 8년 만에 복간되었으나 기쁨도 잠시 평생 불의와 싸워온 그의 몸에는 병마가 자라고 있었다. 여러 차례 수술 끝에 1989년 2월 4일 88세로 영면했다. 살아온 날수로 3만 2105일이었다. 장례는 나흘 후 2천여 명의 조문객이 참석한 가운데 오산학교장으로 거행되었다. 유해는 경기도 연천군 전곡읍 간파리 마차산 자락에 묻혔다. 2002년에 독립유공자로 선정되어 '대한민국 건국포장'이 추서되면서 2006년에 대전 현충원 애국지사 묘역에 묻혔다.

태어난 날짜는 스승과 같았지만 세상을 떠난 날은 스승보다 하루가 지난 날짜였다. 아마도 스승과 나란히 가기 송구스러워 한 발자국 뒤에서 따라가고자 한 것일까. 나고 간 날짜가 공교롭게도 겹쳐 있으니 스승과 제자의 정이 더욱 애틋하다.

최제우, 최시형

제자가 있어
스승은 희망을 잃지 않았다

천명에 따라 동학을 창도하다

　　최제우(崔濟愚, 1824~1864)의 초명은 복술(福述)이었고 제선 (濟宣)으로 고쳤다가 서른다섯 살에 하늘의 계시를 받은 뒤 제우(濟愚) 로 바꿨다. 제우는 '어리석은 백성을 구제하겠다'는 뜻으로, 새로운 가르침을 펴서 세상을 구제하겠다는 마음을 이름에 담은 것이다.

　　몰락한 집안에서 태어났으나 본래는 명문가였다. 7대조인 최진립 (崔震立)은 임진왜란 때 의병을 일으켜 왜적을 무찔렀고, 정유재란 때 도 권율과 함께 큰 공을 세워 벼슬이 공조참판에 이르렀으며 삼도수 군통제사까지 지냈다. 병자호란 때 전사해 나라에서 병조판서로 추 증하고 정무공(貞武公)이라는 시호를 내렸다. 그러나 7대조 이후 벼 슬한 조상이 없어 가세는 기울대로 기울어 아버지 최옥(崔鋈)에 이르 러서는 양민과 다름없는 처지가 되었다. 최옥은 곡산한씨와 혼인하여 최제우를 낳았다. 한씨가 재가한 것이었기 때문에 최제우는 차별을 받으며 불우하게 자랐다. 어릴 적부터 총명하여 경전과 사서를 두루 읽었지만 재가녀의 자식은 과거를 볼 수 없는 시대였기에 출세길이 막혀 있었다.

열 살 때 어머니를 여의고 열세 살 때 울산 출신의 박씨와 혼인했다. 열일곱 살 때 아버지를 여읜 뒤로 집안이 더욱 어려워지자 이리저리 떠돌아다니며 장사를 하기도 하고 의술이나 복술 따위의 잡술을 익혀 각지를 유랑하는가 하면 서당에서 글을 가르치기도 했다. 절망과 좌절 속에서 그는 세상에 나온 뒤 부모에게 죄를 지어 불효를 면치 못했으니 가련한 처지가 아닐 수 없다고 자조하고 한탄했다.

하지만 그는 자신의 불우한 처지를 한탄하는 데 머무르지 않고 눈을 들어 세상을 보았다. 그의 눈에 비친 시대는 어두웠다. 거듭된 흉년으로 백성들의 삶은 무너졌고 아무리 부지런히 농사를 지어도 끼니를 잇기 어려웠으며 나쁜 병이 퍼져 사람들이 죽어가고 있었다. 그는 도탄에 빠진 백성들의 삶을 보고 그 원인이 무엇인지 생각했지만 도무지 알 수 없었다. 하늘은 사심이 없는데 어찌하여 이 백성들은 이토록 가난하고 힘들단 말인가. 혹 천명(天命)이 끊어진 것은 아닐까.

문득 그는 세상의 모든 문제가 천명을 돌보지 않아서 생긴 것이므로 천명을 알아내면 백성을 구제할 수 있다는 데 생각이 미쳤다. 그렇게 하자면 천명을 직접 들어야만 한다. 마침내 그는 1856년 여름에 천성산에 들어가 ᄒᆞ늘님[天主]께 기도하면서 구도를 시작했다. 오랫동안 수행했지만 천명을 알 수 없었다. 그럼에도 그는 포기하지 않고 이듬해에 다시 적멸굴에서 49일 동안 치성을 드렸다. 2년 뒤인 1859년에 경주로 돌아와서도 구미산 용담정에 머물며 천명을 알기 위해 수련을 계속했다.

1860년 4월 5일, 그는 기도하던 중 갑자기 몸이 떨리고 정신이 아득해지는 것을 느꼈다. 이어 천지가 진동하는 소리가 공중에서 들려왔다. 오랜 수행 끝에 마침내 천명이 들려온 것이다. 이른바 경신년(1860)의 득도인 천사문답(天師問答)이다. 당시 그의 나이 서른일곱 살이었다. 그가 하늘과의 문답을 통해 터득한 천명은 이전에 없던 새로운 것이었다. 사람의 마음이 곧 하늘과 같으며, 우주만물을 움직이는 힘과 다른 것이 아니다. 그러므로 사람 섬기기를 하늘과 같이 해야 하고 모든 사람이 평등하고 존엄하다.

천명을 들은 그는 1년 동안 도를 터득하는 차례와 방법까지 강구해 1861년 봄, 천명에 따라 동학을 창도하는 525자의 '포덕문(布德文)'을 발표했다. 그런 다음 여러 곳을 돌아다니며 동학의 교리를 포교하기 시작하자 놀라운 일이 일어났다. 그가 가는 곳마다 사람들이 마치 기다렸다는 듯이 사방에서 찾아와 가르침을 청한 것이다. 그는 당시의 놀라움을 이렇게 표현했다.

현인군자(賢人君子) 모여들어 명명기덕(明明其德) 하여내니 성운성덕
(聖運聖德) 분명하다.

뜻밖의 호응에 자신을 얻은 그는 계속해서 포교 활동을 이어갔다.
그런데 간혹 그의 가르침을 서학으로 오해해 관에 고발하는 일이 일
어나 지목을 받게 되자 전라도 남원으로 몸을 피했다. 여기서 〈논학
문(論學文)〉을 비롯한 몇 편의 글을 지으며 잠시 머물다가 이듬해 3월
에 경주로 돌아가 포교 활동을 이어갔다. 그가 머문 곳에는 늘 가르
침을 청하는 백성들로 문전성시를 이루었다. 짧은 기간에 교세가 크
게 확장되자 경주 관아에서 사람을 보내 그의 동태를 관찰하기 시작
하더니 급기야 9월에 사술(邪術)로 백성들을 현혹시킨다는 이유로 그
를 체포하기에 이른다. 하지만 수백 명의 제자들이 몰려가 석방을
청원하자 관아에서 무죄로 풀어주었고, 이로 인해 교세는 더욱 확장
되었다.

갈수록 신도가 늘어나자 그는 그해 12월에 체계적으로 신도를 모
집하고 가르치기 위해 각지에 접(接)을 두고 접주(接主)가 관내의 신
도를 다스리는 접주제를 만들었다. 접은 경상도와 전라도뿐 아니라
충청도와 경기도에까지 설치되어 1863년에는 교인이 3천여 명, 접
소가 13개소에 이르렀다.

조정에서는 동학의 급속한 교세 확장에 두려움을 느끼던 차에 경

기도에도 접이 설치되어 백성들이 모여든다는 소식을 듣고 마침내 1863년 11월 20일에 선전관(宣傳官) 정운구(鄭雲龜)를 경주로 파견하여 최제우와 제자 20여 명을 체포하여 서울로 압송하게 했다. 그런데 압송 도중 당시 임금이었던 철종이 세상을 떠나자 최제우는 대구 감영으로 이송되어 심문을 받고, 1864년 사도(邪道)를 일으켜 정도를 어지럽혔다는 죄목으로 사형을 선고받는다. 그해 4월 15일, 대구 남문 밖 관덕당 뜰에서 최제우는 참형에 처해졌다. 그의 나이 마흔한 살이었으며, 동학을 창도한 지 3년 만이었다. 묘소는 경주 가정리 구미산 기슭에 있다. 죽기 전 그는 마지막으로 이런 말을 남겼다.

등불이 물 위에 밝았으니 의심이 없고(燈明水上無嫌隙) 기둥이 마른 것 같지만 아직 힘이 남아 있다(柱似枯形有餘力).

그는 형장의 이슬로 사라지는 순간까지 희망을 놓지 않았다. 제자 최시형이 남아 있었기 때문이다. "등불이 물 위에 밝았다"라는 말은 바로 바다 위에 떠오른 달 '해월(海月)'을 가리키는 비유다.

최제우는 사라졌지만 그의 가르침은 끊어지지 않고 제자들에게 이어졌다. 그는 평소 제자들에게 "나를 믿지 말고 네 안에 있는 흐늘님을 모셔라. 네 몸에 흐늘님을 모셨으니 가까운 곳을 버리고 먼 데서 취할 것이 없다"라고 가르쳤다. 그가 만난 제자 한 사람 한 사람이 모두 흐늘님이었다.

기름 없는 등잔에서 빛을 보다

최시형(崔時亨, 1827~1898)은 경주 황오리에서 태어났으며, 영일군 신광면에서 성장했다. 여섯 살에 어머니를, 열다섯 살에 아버지를 여의고 빈곤 속에서 어린 시절을 보냈다. 친척 집을 전전하며 머슴으로 일하기도 했고, 열일곱 살에는 종이 공장에서 일하며 끼니를 이었다. 그는 청년 시절에 최제우를 만나 동학에 입문했다. 그가 최제우를 처음 만난 것은 1861년 여름이었는데, 이후 여러 달 동안 그를 따라다니며 가르침을 받았다. 겨울이 되면 얼음을 깨고 목욕을 하며 수행에 정진했다. 최제우가 남원으로 피신해 종적을 감추자 그는 스승을 그리워하며 수행하던 중 반 종지의 기름으로 스무하루 동안 밤을 새우는 신비한 체험을 하게 된다. 그는 그때의 체험을 이렇게 이야기했다.

임술년(1862) 정월이었다. 여러 달 동안 밤이 새도록 등불을 켰기 때문에 기름이 반 종지만 남았다. 다시 스무하루 동안 밤샘을 했는데도 기름이 닳지 않았다. 이 무렵 영덕 사람 이경중이 기름 한 병을 가져왔다. 바로 그날 저녁에 불을 켤 때 보니 기름이 이미 다해 말라 있었다. 마음에 '자연의 이치'가 있음을 알아차렸다.

이렇게 마음에 있는 '자연의 이치'를 터득한 그는 누가 일러주지 않았는데도 스승이 있는 곳을 알고 찾아가게 된다. 남원에서 돌아와 경주에서 은신하고 있던 최제우는 그가 찾아오자 깜짝 놀랐다. 당시 최제우는 박대여(朴大汝)의 집에 숨어 있으면서 아무에게도 알리지 않았기 때문에 다른 제자들은 그가 아직 전라도 어딘가에 피신하고 있는 줄로만 알고 있었다. 그런데 뜻밖에 최시형이 찾아온 것이다.

"그대는 혹시 들어서 알고 찾아왔는가?"
"제가 어찌 알 수 있었겠습니까? 오고 싶은 마음이 있었기 때문에 왔습니다."
"참으로 그러해서 온 것인가?"
"그러합니다. 제가 이상한 일을 겪었는데 기름 반 종지로 스무하루 동안 밤을 새웠습니다. 어찌하여 그렇게 된 것입니까?"
"그것은 조화(造化)를 체험한 커다란 일이다. 그대는 마음으로 기뻐하고 자랑스러워하라."
"이제부터 제가 포덕을 해도 되겠습니까?"
"포덕을 하라."

이렇게 최시형의 득도를 인정한 최제우는 1863년 7월 23일에 그에게 해월당(海月堂)이라는 도호를 내리고 그를 북접주로 임명했다. 이어 자신이 오래지 않아 체포될 것이라는 사실을 짐작하고 같은 해 8월 14일에 마침내 최시형에게 도통을 전수하여 동학교도를 이끌게 한 뒤 11월에 관에 체포되어 이듬해 순도했다. 최제우와 함께, 그에게 직접 도를 전수받은 제자들 대부분이 순도하거나 유배형에 처해졌기 때문에 이때 동학은 거의 끊어질 위기에 놓였다. 하지만 최시형이 재건에 나서면서 동학은 다시 일어날 수 있는 기회를 얻게 되었다.

2대 교주가 된 최시형은 먼저 관의 지목 대상이 되어 있던 스승의 유족을 자신이 머물고 있던 영양 용화동으로 이주하게 하여 직접 돌보는 한편 각지로 사람을 보내 스승의 순도 이후 사방으로 흩어졌던 교도들을 다시 모으기 시작했다. 이어 스승의 탄신일과 순도일에 제사를 주관하여 교도들의 결속을 다지며 부흥의 기초를 착실하게 다졌다. 그 결과 최제우의 순도 이후 궤멸 위기에 처했던 동학은 은도시대(隱道時代)라는 길고 긴 수난기를 거치며 최시형을 중심으로 한층 더 성숙한 교리를 갖추고 교세를 확장해나갔다.

순조롭게 교단을 정비해 교세를 확장해나가던 그에게 또 한 번의 시련이 찾아왔다. 1871년 동학교도 이필제(李弼濟)가 경상도 일대의 교도들을 규합하여 스승 최제우의 순도 기념일에 영해에서 관을 공격했다가 실패하고 처형당한 사건이 벌어졌다. 이 일로 인해 관은 최시형을 수괴로 지목하고 그를 집중적으로 추적하게 되었다. 이 시기에 그는 강원도 산간 지역을 돌아다니며 몸을 피했는데 태백산에서 추위와 기아로 생사를 기약할 수 없는 처지에 놓이기도 했다. 하지만 그는 포기하지 않고 강시원(姜時元), 전성문(全聖文) 등 동학의 지도급 인사 다섯 명과 함께 태백산 깊은 곳에 있는 적조암에서 49일 동안 기도를 올리기로 결심했다. 49일간의 기도는 스승 최제우로부터 전수받은 바대로 도의 기운을 높이고 교도들의 정신을 새로운 단계로 이끌기 위한 종교 수행이었다. 최시형과 다섯 명의 지도자들은 적조암에 자리를 정하고 하루에 2만에서 3만 번씩 주문을 읽으며 기도에 들어갔다. 이윽고 49일의 기도를 마친 최시형은 다음과 같이 깨달음을 노래했다.

태백산에서 49일간 기도 올리니	太白山工四十九
나에게 여덟 마리 봉황을 내려 주인을 정해주셨네	受我鳳八各主定
천의봉 위에 핀 눈꽃 하늘을 열고	天宜峯上開花天
오늘에야 마음을 닦아 오현금 울리네	今日琢磨五絃琴
적멸궁에서 속된 먼지 털어내니	寂滅宮殿脫塵世
49일의 기도를 잘 마쳤구나	善終祈禧七七期

기도를 마친 최시형은 본격적으로 교단의 제도를 정비해나가기 시작했다. 1875년에는 의식을 치를 때 쓰는 제수로 청수(淸水) 한 그릇만 사용하게 함으로써 제사의 본뜻을 잊고 허례허식으로 흐르던 당시의 폐풍을 일신하여 제사에 새로운 의미를 부여하기도 했다.

이제부터는 일체 의식에 청수 한 그릇만 사용하라. 물은 그 성질이 맑고 움직이는 것이며 또 어느 곳에나 있지 않은 곳이 없는지라 참으로 만물의 근원이라 이를 것이니 내 이로써 의식의 표준물을 정하노라.

이는 스승이 죽기 전 옥에서 올린 마지막 기도에서 청수 한 그릇을 사용한 예를 따른 것이기도 하지만 제수를 마련할 수 없는 가난한 백성이라도 제사를 지낼 수 있게 하기 위한 조치였다. 누구나 동학의 의식에 따라 의식을 치를 수 있는 길을 열어준 것이다.

이후 스승의 유족이 모두 세상을 떠나자 그는 도통의 기원을 밝히고 보존할 필요성을 느끼고 스승의 가르침을 엮어 경전을 간행하기로 결심한다. 이에 따라 1879년 강원도 인제군에 경전 간행소를 설치하여 이듬해 6월에 《동경대전(東經大全)》을 간행하고 다음 해에는 《용담유사(龍潭遺詞)》를 펴냈다. 스승의 가르침을 세상에 널리 펴서 당면한 위기를 극복하고 새로운 세상을 열 수 있는 기초를 마련하고자 한 것이다.

1892년에는 좌도난정이라는 죄목으로 순도한 스승의 억울함을 풀기 위해 전라도 삼례역에서 교도 수천 명을 모아 수운대신사신원운동을 시작했다. 이듬해에는 광화문 앞에서 상소운동을 전개하는가 하면 보은에서 2만 명의 교도를 모아 20여 일 동안 집단 시위를 벌였다. 이 일로 최시형은 차괴(次魁)로 지목되어 피신하게 되었는데, 도피 중에도 끊임없이 설법과 의식을 주관하며 교단을 정비해나갔다.

당시 동학교도들은 관에 체포되어 죽임을 당하거나 유배되었기 때문에 탄압을 피해 떠돌아다니는 이들이 많았다. 수운대신사신원운동의 애초 목적은 동학의 가르침이 혹세무민하는 좌도가 아님을 밝히는 것이었지만 나라로부터 인정을 받아 교도들의 삶을 안정시키고자 하는 열망도 있었다. 그렇게 하는 것이 곧 보국안민의 기치를 내걸었던 스승의 가르침을 실행하는 길이라고 생각했기 때문이다.

하지만 관의 탄압은 갈수록 극심해졌다. 이에 동학 지도부는 보다 강경한 투쟁으로 나가야 한다는 합의에 이르게 되고, 마침내 대신사신원운동과 함께 척양척왜(斥洋斥倭) 운동을 결합하여 1894년 9월에 동학혁명을 일으킨다. 갑오농민전쟁이 일어난 것이다. 하지만 동학농민군은 공주 우금치 전투에서 관군과 일본군에게 패배했고, 그들을 이끌던 전봉준이 1894년 12월 2일 순창군 피노리에서 체포되어 사형당하면서 실패로 돌아가고 말았다.

동학혁명이 실패한 뒤에도 최시형은 한시도 스승의 가르침을 잊지 않고 활동을 이어갔다. 그는 보따리 하나를 싸들고 전국을 돌아다니며 스승의 가르침을 전하다가 71세 때인 1897년 4월 5일에 창도기념식을 주관하면서 교도들에게 향아설위(向我設位)의 가르침을 내렸다. 그는 일찍이 1876년에 강원도 정선에서 제자들에게 제사를 지낼 때 벽을 향해 신위를 설치하는 것이 옳은지 나를 향해 설치하는 것이 옳은지 물은 적이 있었는데, 이해에 이르러 비로소 향아설위야말로 신과 인간의 합일을 표시하는 것이며 천지만물이 내 몸에 갖추어져 있다는 이치를 밝히는 도리라고 확신하게 된 것이다. 향아설위의 깨달음은 무려 21년의 시간에 걸쳐 숙성된 가르침인 것이다.

향아설위는 내 안에 ᄒᆞᄂᆞᆯ님이 있다는 스승의 가르침을 따른 것이기도 하지만 내 안에 ᄒᆞᄂᆞᆯ님이 있다면 나를 향해 신위를 차리는 것이 마땅하다는 깨달음에서 나온 것으로, 그간의 향벽설위(向壁設位)를 철폐함으로써 제례의식의 혁신을 가져왔다. 또한 이는 사람과 천지가 대등한 존재로 자리하는 전혀 새로운 세상의 도래, 스승이 이야기했던 후천개벽(後天開闢)의 도래를 예고한 것으로 그가 도달한 구도의 종착지이기도 했다. 같은 해 12월 24일 그는 손병희에게 도통을 전수하여 스승의 가르침이 끊어지지 않도록 조치하고는 이듬해인 1898년 4월 5일 밤 원주에서 관에 체포되었다. 같은 해 5월 30일 그는 스승과 같은 좌도난정의 죄목으로 사형을 선고받고 6월 2일 단성사 뒤편 당시 육군법원에서 교수형을 당했다. 그의 나이 72세,

동학에 입교한 지 38년 만이었다. 그의 묘소는 경기도 여주군 천덕산 아래에 자리하고 있다.

일찍이 그는 후천개벽의 시점을 묻는 제자의 질문에 이렇게 대답했다.

"때는 그때가 있으니 마음을 급히 하지 말라. 기다리지 않아도 자연히 오리니. 만국 병마가 우리나라 땅에 왔다가 물러가는 때이니라."

스승이 그를 남겨 후천개벽의 시대를 기다렸던 것처럼 그 또한 스승의 말을 세상에 전함으로써 절망의 시대를 비추는 빛이 되고자 했다. 마치 기름 없는 등잔에서 빛을 본 것처럼.